MW00325017

Siete elementos indispensables
para la crianza de sus hijos

ENFOQUE A LA FAMILIA®

PRESENTA

SIETE ELEMENTOS INDISPENSABLES

PARA LA CRIANZA DE SUS HIJOS

DANIEL HUERTA

PRÓLOGO POR SIXTO PORRAS

ENFOQUE®
A LA FAMILIA

Un recurso de Enfoque a la Familia
Publicado por Tyndale House Publishers

Enfoque a la Familia presenta Siete elementos indispensables para la crianza de sus hijos
© 2020 Enfoque a la Familia. Todos los derechos reservados.

Un libro de Enfoque a la Familia publicado por Tyndale House Publishers, Carol Stream, IL 60188

Enfoque a la Familia y el logotipo que lo acompaña son diseño y marcas registradas federalmente de Enfoque a la Familia, 8605 Explorer Drive, Colorado Springs, CO 80920.

TYNDALE y el logotipo de la pluma son marcas registradas de Tyndale House Ministries.

Ninguna parte de esta publicación puede ser reproducida, almacenada en sistemas de recuperación de archivos ni transmitida en formato alguno, así como por ningún medio (electrónico, mecánico, fotocopias, grabaciones o cualquier otro medio) sin previa autorización escrita de Enfoque a la Familia.

Las citas bíblicas sin otra indicación han sido tomadas de la *Santa Biblia*, Nueva Traducción Viviente, © 2010 Tyndale House Foundation. Usada con permiso de Tyndale House Publishers, 351 Executive Dr., Carol Stream, IL 60188, Estados Unidos de América. Todos los derechos reservados.

Las citas bíblicas indicadas con RVR60 han sido tomadas de la versión Reina-Valera © 1960 Sociedades Bíblicas en América Latina; © renovado 1988 Sociedades Bíblicas Unidas. Usada con permiso. Reina-Valera 1960® es una marca registrada de las Sociedades Bíblicas Unidas y puede ser usada solo bajo licencia.

Diseño de portada por Mitch Bolton

Ilustraciones internas por Mitch Bolton y Michael Harrigan

Ilustraciones internas por Ruth Pizzi. Todos los derechos reservados.

Para información acerca de descuentos especiales para compras al por mayor, por favor contacte a Tyndale House Publishers a través de espanol@tyndale.com.

ISBN 978-1-4964-4411-0

Impreso en Estados Unidos de América
Printed in the United States of America

26 25 24 23 22 21 20
 7   6   5   4   3   2   1

Le dedico este libro a mi esposa, Heather, quien me ha amado y ha estado a mi lado en este imperfecto y emocionante viaje del matrimonio y de criar a nuestros hijos. Te amo y te agradezco por tu arduo trabajo y dedicación a una base espiritual en nuestro hogar.

A mis dos hijos, Alex y Lexi, quienes son en verdad dos increíbles regalos de Dios. Hay varias historias en este libro que demuestran la transformación de Dios en nosotros a través de ustedes y en ustedes a través de nosotros. Qué alegría es para nosotros ser sus padres. Estoy agradecido por las muchas cosas que hemos aprendido y disfrutado a lo largo del camino, y estoy ansioso por más.

A mis padres, Carol y Ricardo, quienes se esforzaron mucho por darle una base espiritual a nuestra familia mientras crecíamos, y oraron con fidelidad por cada uno de nosotros a diario. Gracias por su amor, sus sacrificios, su guía y los buenos recuerdos.

A mi suegra, Rita, y a mi suegro, Don. Han sido pacientes, amorosos y generosos conmigo. Me encanta ver cómo aman a sus hijas. Gracias por criar a una hija que amo y por darle una base espiritual desde que era pequeña.

CONTENIDO

PREFACIO

CONOZCO A DANNY HUERTA desde hace muchos años como un miembro de nuestro equipo en Enfoque a la Familia. Como nuestro Vicepresidente de Paternidad y Juventud, le ha prestado su voz a nuestro programa de radio en varias ocasiones y ha encabezado programas importantes como *Alive to Thrive* (Vivos para prosperar) —un recurso para padres y líderes de jóvenes con el fin de prevenir el suicidio— y *Launch into the Teen Years* (Lanzamiento a los años adolescentes), un extenso texto introductorio para aquella etapa crítica, el cual incluye el tema de la sexualidad, para padres y preadolescentes. También ha sido entrevistado por Fox News, *Christianity Today* y varios medios más, y ha escrito para el *Washington Post*.

Si nunca ha tenido la oportunidad de «escuchar» a Danny a través de Enfoque a la Familia o alguno de esos otros medios, me alegra que ahora tendrá la oportunidad de hacerlo a través de las páginas de este, su primer libro. Hay mucha sabiduría y aplicación práctica por descubrir, basadas en los años de experiencia que tiene Danny aconsejando a familias como trabajador social escolar y trabajador social clínico colegiado, y en su esfuerzo continuo por obtener un doctorado en Psicología en la Universidad del Sur de California.

Esas son credenciales importantes, pero el título que

Danny porta con el mayor orgullo es el de «papá». Él y su esposa, Heather, son padres de dos hijos maravillosos, Alex y Lexi. Más que su amplia experiencia clínica y profesional, lo que usted encontrará en este libro son las palabras sinceras y profundas de alguien, tal como usted, que está viviendo el desafío de criar hijos. Al leerlo, es probable que se encuentre asintiendo en señal de reconocimiento cuando Danny describe las alegrías y los desafíos que él y Heather han enfrentado en su propia trayectoria como padres.

Aunque tiene una sólida base de investigación y experiencia, *Siete elementos indispensables para la crianza de sus hijos* no es un texto académico y clínico escrito por alguien desconectado del tema. Más bien es como una conversación —a veces cómica y siempre práctica— con un padre y terapeuta familiar que está en la brecha *con* usted, haciendo su mejor esfuerzo por criar hijos «con la disciplina e instrucción que proviene del Señor» (Efesios 6:4) y por aconsejar a las familias con la sabiduría infinita y confiable de Dios.

No se me ocurre mejor recomendación que esa, y creo que la combinación de esos dos elementos —la experiencia clínica y el sentido práctico del mundo real— hace que *Siete elementos indispensables para la crianza de sus hijos* sea un recurso indispensable para cualquier padre. Espero que esté de acuerdo.

Jim Daly
Presidente, Enfoque a la Familia

PRÓLOGO

MI ESPOSA Y YO disfrutamos caminar en nuestro vecindario. Mientras lo hacemos, observamos que algunos niños salen con sus padres. Los vemos andar en bicicleta, reír, jugar y caminar juntos. Los más pequeños caminan de la mano de sus padres. Es una de las escenas más hermosas que se pueden observar. Estoy seguro de que cuando estos niños crezcan, les contarán a sus hijos lo que vivieron y cuánto disfrutaron jugar con sus padres: «Cuando yo era niño, conversábamos de todo y de nada, y siempre me ponían atención. Me hacían preguntas para que reflexionara sobre lo que estaba aprendiendo. Me abrazaban y me besaban. No olvido que mientras caminábamos, le dábamos gracias a Dios por el cielo azul, el verde de los árboles, la brisa que nos acariciaba y el privilegio de estar juntos. Ahora, yo lo hago igual con ustedes porque supe lo que era disfrutar esos momentos mágicos con mis padres cuando era niño».

Hacemos lo mismo con nuestros nietos cuando vienen a casa. Nos detenemos para escuchar al río, y les enseñamos a apreciar la belleza de las flores. Tomarnos el tiempo para enseñarles a observar la naturaleza y escuchar el canto de los pájaros nos ayuda a dejar recuerdos maravillosos en su vida, y les hace sentir que son importantes.

La paternidad es una oportunidad maravillosa para

inspirar esperanza, aceptación y amor en las futuras generaciones. Muchos padres, con una intención genuina de cuidar y proveer para sus hijos, se pierden en las ocupaciones diarias y olvidan detenerse a disfrutarlos mientras crecen.

En este libro, mi buen amigo Danny Huerta nos recuerda que nuestra labor como padres es estar presentes mental, emocional y físicamente en la vida de nuestros hijos. Nos habla de la importancia de tomar tiempo para conectarnos con ellos, jugar, dialogar y hacerles sentir importantes.

Uno de los miedos más profundos que sentimos los padres es pensar que no estamos haciendo lo suficiente por nuestros hijos. Sin embargo, el amor de los padres, aunque no es perfecto, intenta aprender y crecer para brindarles la seguridad que necesitan. Danny ha logrado clasificar los mejores consejos de crianza en siete elementos fundamentales para cumplir bien la misión.

Este libro tiene consejos prácticos para la aventura de criar a los más pequeños de la casa. No solamente comparte información actualizada, sino que Danny abre la intimidad de su hogar para contarnos cómo lo han hecho en su casa. Crecer en el arte de educar a nuestros hijos y aprender de la experiencia de los expertos nos ayuda a hacer más agradable la misión de facilitar el camino para que ellos crezcan como personas de bien.

Este libro está lleno de recomendaciones prácticas, de juegos, de dinámicas y de actividades que podemos realizar con nuestros hijos para formar su carácter, desarrollar sus habilidades y, sobre todo, conectarnos con ellos. Estoy seguro de que disfrutará de implementar las actividades sugeridas.

Modificar nuestra forma de pensar es fundamental para

interpretar la vida mejor y evitar la frustración cuando las expectativas no se cumplen. Por eso es que Danny nos guía a revisar cómo razonamos las cosas en la crianza de nuestros hijos para producir el efecto correcto. Por ejemplo, nos sugiere que, al hablar con nuestros hijos, cambiemos el «deberías» por el «podrías». Cuando lo leí, me impactó porque nos ayuda a mejorar nuestra interacción con ellos.

Como bien lo expresa Danny en este extraordinario libro, no se trata de hacer que sus hijos se sientan bien. Se trata de ayudarlos a crecer y llegar a ser la persona que Dios quiso que fueran. Nuestros hijos tienen que aprender que su identidad está en lo que ellos son en Cristo y no en lo que ellos logran. Lo que ellos hacen fluirá por naturaleza de quienes son en Cristo.

Estoy seguro de que, mientras lee este libro, no solo crecerá como padre, sino que apreciará más el privilegio que tiene de formar a la nueva generación. Recientemente, observaba a un amigo con su pequeña hija en brazos, y de repente expresó: «No cambio estos momentos por nada en el mundo». Su empresa es una de las más grandes en su país, pero la ternura hacia su hija supera su éxito empresarial. Cuando dejamos que el amor por nuestros hijos nos cautive, todo lo demás toma su lugar; y cuando pienso en los miles de padres que desean cumplir bien su misión, aprecio más el libro *Siete elementos indispensables para la crianza de sus hijos.*

Sixto Porras
Director Regional
Enfoque a la Familia

INTRODUCCIÓN

DEL CONOCIMIENTO A LA SABIDURÍA

Ama al SEÑOR tu Dios con todo tu corazón, con toda tu alma y con todas tus fuerzas. Debes comprometerte con todo tu ser a cumplir cada uno de estos mandatos que hoy te entrego. Repíteselos a tus hijos una y otra vez. Habla de ellos en tus conversaciones cuando estés en tu casa y cuando vayas por el camino, cuando te acuestes y cuando te levantes.

—DEUTERONOMIO 6:5-7

EL TRABAJO DE SER PADRE es difícil hoy en día en especial porque la adversidad que enfrentamos es compleja. Parece que hay más desastres, tragedias, tentaciones, distracciones y estrés que nunca antes. Y tenemos acceso a más información sobre dichos sucesos que nunca antes en la historia. Lo más preocupante es la forma en que la sociedad está desplazando a Dios fuera del centro. Nuestra cultura hoy en día está intentando redefinir casi todo, incluso la familia, el amor y la verdad. Nuestra cultura acude al conocimiento, a la popularidad y a los títulos académicos para encontrar respuestas.

Pero Dios nos dice que el conocimiento debe ir a la par

de la sabiduría. De lo contrario, es inútil. Usted puede vivir según el conocimiento de otro hombre, pero no según su sabiduría. La sabiduría es propia y, a fin de cuentas, viene de una relación íntima con Dios. Él es el Agua Viva, y él es necesario para nuestra supervivencia. Por eso es que nos instruye a desear su sabiduría más que nada.

Ser padre es un proceso profundamente transformador. Creo que Dios creó a la familia para darnos oportunidades de crecimiento y transformación sorprendentes. Cuando somos transformados por nuestro crecimiento como padres, llegamos a estar arraigados con mayor profundidad en la sabiduría de Dios, y estaremos más equipados para guiar a nuestros hijos hacia el plan original de Dios: que seamos contribuidores en su reino.

Desde el principio, Dios quiso que fuéramos contribuidores, no consumidores, en la historia de su reino. En el momento en que, por falta de confianza, Adán y Eva decidieron consumir el fruto, nos convertimos en consumidores en un jardín que requiere contribuidores. Conforme les contribuimos a nuestros hijos al criarlos, los guiamos a ser contribuidores para los demás y para el funcionamiento general de la familia y la sociedad, cumpliendo así su función en la historia del reino de Dios.

Desafortunadamente, muchos padres se esfuerzan demasiado por la perfección, pensando, de alguna forma, que la perfecta crianza de hijos es un destino. Es decir, piensan que «ganamos» si somos perfectos o si tenemos hijos bien portados. Sin embargo, la Biblia está llena de ejemplos de padres menos que brillantes. Considere a Adán y Eva. Los primeros padres nos muestran un hogar imperfecto y desordenado. Lo cierto es que ser padre siempre es imperfecto y desordenado.

En realidad, «ganamos» como padres si nuestros hijos ven el poder, el amor y la influencia transformadora de Dios en nuestra vida. Ser un padre eficaz significa aprender a navegar y a responder a las muchas imperfecciones que son una realidad en todo hogar. Las imperfecciones nos ayudan a aprender en verdad a amar y a ser amados. Las imperfecciones nos ayudan a asimilar cuán profunda es nuestra necesidad de Dios.

No podemos controlar qué deciden hacer nuestros hijos ni qué serán cuando crezcan, pero sin duda podemos influir en ellos a través de las interacciones que tenemos con ellos minuto a minuto, hora tras hora y día a día unos dieciocho años, recordándoles ser contribuidores en lugar de consumidores. No podemos crear hijos perfectos, pero sin duda podemos guiarlos a lo largo del camino según cómo vivimos nuestra vida. Podemos dejar huellas en su vida por cómo nos comunicamos, cómo interactuamos, cómo enseñamos, cómo guiamos, cómo corregimos y cómo amamos.

Este libro es un viaje práctico por siete elementos poderosos que lo ayudarán a ser el padre más eficaz que pueda ser. Mi meta es darle una estructura sencilla para que crezca en su trayectoria como padre. Conforme crezcamos en los siete elementos indispensables para la crianza de nuestros hijos, podremos impartirles estos mismos elementos.

Los siete elementos indispensables para la crianza de los

Descubra cómo califica usted en cada uno de los siete elementos indispensables para la crianza de sus hijos tomando la autoevaluación en FocusOnTheFamily. com/7traits (solo disponible en inglés).

hijos se han investigado bien, y se basan en los fundamentos que proveen las Escrituras, en mi formación y práctica como consejero sirviendo a familias por más de dos décadas y en la gran investigación que rodea al estilo de crianza con autoridad.

Los siete elementos son:

- La adaptabilidad
- El respeto
- La intencionalidad
- El amor inquebrantable
- Los límites
- La gracia y el perdón
- La gratitud

Mi oración es que este libro le sea alentador, práctico y útil en su aventura como padre.

CAPÍTULO 1

LOS CONTRIBUIDORES, LOS ALENTADORES Y LOS INFLUENCIADORES

*La única carta de recomendación que necesitamos son
ustedes mismos. Sus vidas son una carta escrita en nuestro
corazón; todos pueden leerla y reconocer el buen trabajo
que hicimos entre ustedes. Es evidente que son una carta de
Cristo que muestra el resultado de nuestro ministerio entre
ustedes. Esta «carta» no está escrita con pluma y tinta, sino
con el Espíritu del Dios viviente. No está tallada en tablas
de piedra, sino en corazones humanos.*

—2 CORINTIOS 3:2-3

¿ALGUNA VEZ SE HA QUEDADO hasta el final de los créditos después
de una película? Aunque relacionemos una cierta película
con una gran estrella de Hollywood o un famoso director,
en realidad cientos, si no miles, de personas participan en la
realización de una película. Los créditos de cierre de algunas
películas tardan diez minutos o más en pasar porque allí se
menciona a toda persona involucrada en la realización de
la película, desde los actores, directores y productores hasta
quienes crearon los efectos especiales, quienes hicieron los
vestuarios y quienes sirvieron los almuerzos. Es asombroso

pensar en los cientos de personas y las miles de horas de trabajo que se requieren para producir una película.

De manera similar, ninguno de nosotros es el único artífice de su éxito. Todos, en cierto sentido, tenemos unos créditos de cierre compuestos de todas las personas que han marcado una diferencia en nuestra vida. Quizás un entrenador contribuyó incontables horas a enseñarle a lanzar tiros libres. Quizás recuerde el aliento de un maestro de piano mientras batallaba en aprender una pieza difícil. Quizás un anciano de su iglesia influyó en usted con su servicio fiel a Dios a lo largo de los años. Cientos de personas han jugado un papel en su formación. Todos ellos forman parte de sus créditos de cierre.

NUESTROS CRÉDITOS DE CIERRE COMIENZAN CON DIOS

Dios es el Arquitecto maestro de nuestra vida. Desde la concepción hasta la eternidad, Dios tiene un plan para cada uno de nosotros. La Biblia dice que él nos entretejió en el vientre de nuestra madre. Él sabe la cantidad de cabellos que hay en nuestra cabeza y cuántos días se nos han asignado. Él determinó tanto la época como los lugares en los que cada uno de nosotros vive. Él nos provee la salvación y planea las buenas obras que debemos hacer. Él nos da una gran herencia como coherederos de su reino. Se ha adelantado a nosotros para prepararnos un lugar en la eternidad.

Dios provee oportunidades para que tengamos contribuidores, influenciadores y alentadores en este mundo. Así lo hizo para quienes marcaron una diferencia en la Biblia.

- Le dio a David un influenciador llamado Natán, quien ayudó a David a abrir sus ojos, espiritualmente hablando, en cuanto a lo que había hecho al ir tras Betsabé.

- Josías fue influenciado positivamente de pequeño. Esa influencia lo ayudó a permanecer comprometido con Dios cuando, de niño, se convirtió en el rey de Israel.

- Sadrac, Mesac y Abed-nego, casi sin duda, tuvieron increíbles contribuidores, alentadores e influenciadores en su juventud, a juzgar por cómo pusieron en práctica su fe con confianza y permanecieron firmes en su amor por Dios.

- Mardoqueo contribuyó, alentó e influenció a Ester mientras ella, en obediencia, seguía el plan que Dios le había puesto por delante.

NUESTROS CRÉDITOS DE CIERRE AYUDAN A NUESTRO CRECIMIENTO

Imagine una ciudad que está creciendo. Siempre está en construcción y tiene un sinnúmero de personas que la ayudan a crecer. De la misma manera, un sinnúmero de personas nos ayudan a crecer. Los contribuidores vierten recursos en nuestra vida que subvencionan nuestro desarrollo. Los alentadores nos dan impulsos de fortaleza y valentía que nos hacen seguir adelante a pesar de las decepciones y los reveses. Los influenciadores nos dan una visión de cómo es una vida bien vivida y nos enseñan a vivir esa vida en maneras prácticas.

Estas personas que forman parte de nuestros créditos de

cierre nos ayudan a seguir el consejo de 2 Timoteo 3:14: «Pero tú debes permanecer fiel a las cosas que se te han enseñado. Sabes que son verdad, porque sabes que puedes confiar en quienes te las enseñaron».

NUESTROS CRÉDITOS DE CIERRE NOS AYUDAN A VIVIR UN LEGADO

En Hebreos 12:1, el autor insta: «Por lo tanto, ya que estamos rodeados por una enorme multitud de testigos de la vida de fe, quitémonos todo peso que nos impida correr, especialmente el pecado que tan fácilmente nos hace tropezar. Y corramos con perseverancia la carrera que Dios nos ha puesto por delante».

Los créditos de cierre de nuestra vida se extienden hacia atrás en el tiempo cuando consideramos a aquellos que en el pasado han vivido una vida fiel para Dios. Ellos son los que corrieron la carrera con perseverancia y nos pasaron la estafeta. Pero los créditos de cierre también se extienden hacia adelante en el tiempo cuando consideramos a quienes podemos contribuirles, a quienes podemos animar y a quienes podemos influenciar. Son aquellos a quienes tenemos que pasarles la estafeta mientras corremos nuestra propia carrera de perseverancia fiel.

Como alguien que contribuye, alienta e influye utilizando los siete elementos indispensables para la crianza de sus hijos, usted puede ayudarlos a correr la carrera que tienen por delante. Y así, el legado perdurará hasta que el Señor vuelva. Una gran manera de prepararse para esa tarea es echarles un vistazo a quienes usted ha hecho caso en el camino.

LOS CONTRIBUIDORES

Los contribuidores son personas que han derramado su tiempo, su energía, sus talentos, su dinero y su atención en usted. Entre estas personas pueden estar su cónyuge, sus entrenadores, sus abuelos, sus tíos y tías, sus primos, sus hermanos, sus maestros, sus padres, sus amigos, sus mentores y sus consejeros personales. La vida cristiana está llena de contribuidores.

- El rey Darío contribuyó a la vida de Daniel y le dio el puesto más alto en el reino.

- Jesús contribuyó a la vida de sus discípulos para equiparlos para la obra de Dios.

- La gente alrededor del mundo les contribuye a los misioneros mientras ellos llevan a cabo la obra y el llamado de Dios.

Recuerdo la conversación telefónica que tuve a los quince años (en mi segundo año de la secundaria) con el entrenador de tenis. Dijo que yo debería intentar unirme al equipo de tenis. Recuerdo que me reí de su sugerencia porque yo era muy malo para el tenis. Le conté que acababa de regresar de una visita a mis parientes en México y que había jugado tenis con mi primo, Carlos. Me había costado mantener la pelota en la cancha. En ese club en particular, los jugadores tenían un recogepelotas asignado. Bueno, aquel recogepelotas se ejercitó increíblemente aquel día (y recibió una gran

Noche de cita
Una forma de contribuir a su familia es planear noches especiales juntos. La noche de cita es un tiempo para conectarse, conversar y hablarle la verdad a su hijo. Las citas con su hijo podrían incluir caminar o andar en bicicleta juntos. Podrían dibujar o ir a un evento deportivo juntos. No hace mucho, nuestra familia fue a un restaurante. Mi hija y yo nos sentamos en una mesa, y mi hijo y mi esposa se sentaron en otra mesa. Eso nos permitió darle atención especial a cada uno de nuestros hijos.

Tenga en mente que las citas pueden ser creativas, simples y nada costosas, pero también pueden ser elaboradas y costosas. Las noches de cita se tratan de invertir en las relaciones. Las posibilidades son casi

propina). Yo tenía que hacer rebotar la pelota para servir, y le pegaba con el filo de la raqueta a la mayoría de las pelotas. Vaya que no fue bonito.

Pero los entrenadores de mi escuela invirtieron mucho de su tiempo y energía en enseñarme cómo mejorar mis habilidades en el tenis. Vieron algo en mí que yo no veía. Terminé siendo el tercer mejor jugador de nuestro equipo escolar. No fui un jugador sorprendente, pero llegué a ser un jugador respetable con un buen saque, y recibí una beca universitaria de tenis. Sigo jugando tenis con amigos cuando puedo, y me esfuerzo por transmitirles a mis hijos mi amor por el tenis. La contribución de dos personas me dio algo más que el dinero para la universidad: he tenido el privilegio de beneficiar a otros y de enseñarles a los chicos con quienes trabajo que nunca deben decir nunca.

A veces, otras personas pueden ver algo en nosotros que nosotros no podemos ver. A lo largo de mi niñez, mi mamá y mi papá contribuyeron su dinero, su tiempo y su energía para mi desarrollo. No siempre vi o reconocí sus contribuciones. Pero ahora puedo verlas. Y ahora puedo transmitir ese regalo al contribuir mi dinero, mi tiempo y mi energía para otros.

Si mira con cuidado, verá que mucha gente ha contribuido en su vida. Es grandioso recordar con gratitud. Ahora es su oportunidad de mirar hacia el futuro y contribuir en la vida de sus propios hijos.

Para cada modelo positivo a seguir hay un modelo opuesto o negativo. Lo opuesto a ser un contribuidor en la vida de alguien es ser un consumidor en la vida de alguien.

Los consumidores son personas que tienden a usarlo a usted para su propio beneficio. Se le acercan y tienen una lista de compras personal en mente mientras interactúan con usted. Todos han experimentado tener consumidores en su vida. Si somos sinceros, la mayoría de nosotros hemos actuado, en algún momento, como consumidores en los créditos de cierre de otras personas.

infinitas. Podría tomarse el tiempo para hablarles a sus hijos sobre personas que han contribuido a su vida, que lo han alentado o que han influido en usted a lo largo del camino. También puede preguntarles quiénes consideran que han sido contribuidores, alentadores o influenciadores en su vida hasta ahora.

Ser un consumidor se nos hace natural en nuestra cultura de gratificación instantánea, de vivir para uno mismo y de buscar el éxito y la felicidad personales. Queremos ser amados, reconocidos y admirados sin querer contribuir para los demás.

En un estudio reciente, el 49 por ciento de los adolescentes dijo que comparten sus propios logros en las redes sociales[1]. Los adolescentes tienen sed de ser conocidos y reconocidos. Además, en otro estudio, el 45 por ciento de los adolescentes dijo que están estresados todo el tiempo[2]. Los adolescentes necesitan aliento y ayuda para enfrentar las demandas y las expectativas que sienten que no pueden cumplir o satisfacer[3].

Usted puede ayudar a hacerle frente a tales influencias al contribuir con sinceridad en la vida de los chicos que conoce. Ayude a los chicos a encontrar ánimo genuino en vez de tener que salir a buscarlo. A través de su propio ejemplo, enséñeles a ser reconocedores y celebradores de los logros, las habilidades y los talentos de otras personas. Ver más allá del «yo» ayuda a reducir el estrés. Ayude a los niños a ser reconocedores de:

- Las personas con sed del amor y la esperanza de Dios
- Las personas huérfanas o viudas
- Las personas que necesitan ánimo o un oído que las escuche

Su ejemplo positivo en esta área puede ayudar a los chicos a discernir dónde invertir su propio tiempo, atención, talento y energía. Eso ayuda a desarrollar la mentalidad de contribuidor en sus hijos.

LOS ALENTADORES

Los alentadores son personas que brindan palabras de apoyo e inspiración que edifican a otros.

Durante mi último año de secundaria, estaba caminando por el pasillo cuando el director me detuvo y me dijo: «Vas a ser un gran líder un día». Hasta la fecha recuerdo esa breve interacción. Sus palabras me animaron aquel día, y me siguen animando hoy.

Mi mamá y mi papá me han animado a lo largo del camino, por lo cual estoy muy agradecido. De hecho, mi papá me sigue escribiendo una carta de aliento una o dos veces al año. Sus palabras alentadoras han sido como un vaso de agua fría después de una carrera en un caluroso día de verano. Mi mamá elige con cuidado tarjetas para mi cumpleaños o el Día del Padre, proporcionándome palabras alentadoras en esas ocasiones.

¡Las palabras alentadoras siempre son bienvenidas! ¿Por qué no las decimos más a menudo? Mi esposa me ha dicho algunas veces que le gustaría recibir más palabras

ACTIVIDAD

Notas en el diario

A mi hijo y a mi hija adolescentes les encanta recibir notas. Cada uno de nosotros tiene un diario en su lugar sobre la mesa de la cocina. Cualquiera puede escribir en el diario de cualquier otro. Con frecuencia, escribo una nota o una cita o dibujo algo para mis hijos y para mi esposa (aunque no a diario). Las notas no tienen que ser largas. A mi esposa y a mis hijos les encantan las palabras alentadoras que son genuinas y auténticas. Todos atesoramos estos diarios mientras anotamos palabras alentadoras los unos para los otros a lo largo del año.

El vaso lleno

Tome un vaso desechable, calcomanías de superhéroes y la bebida dulce favorita de su hijo.

Explíquele a su hijo que el vaso lo representa. Lea el Salmo 18:29, Colosenses 1:29 y Efesios 3:20-21 de una traducción de la Biblia fácil de entender. Dígale a su hijo que Dios dice que podemos hacer cosas asombrosas con su fortaleza. Conversen sobre la asombrosa fortaleza de Dios. Anime a su hijo a decorar el vaso con las calcomanías de un superhéroe para representar la fortaleza de Dios en su vida.

Lea Efesios 2:10. Hable sobre las buenas obras (contribuciones) que Dios quiere que su hijo haga. Dios planeó estas buenas obras específicamente para su hijo. Conversen sobre cómo se relaciona eso con

alentadoras de mi parte. Es tan fácil olvidar decirles constantemente palabras alentadoras a mi esposa y a mis hijos. Lo único que puedo decir es que es bueno que cada veinticuatro horas tenemos un nuevo día para poder intentarlo otra vez. Es como si Dios le hubiera puesto un botón de reinicio a cada día. ¡Sus misericordias son nuevas cada mañana! Vamos, presione su propio botón de reinicio hoy.

Lo opuesto a ser un alentador es ser un desalentador. Mientras que las palabras alentadoras pueden verse como piezas fundamentales en la vida de una persona, las palabras desalentadoras pueden ser las destructoras. Tengo un vívido recuerdo de un incidente que ocurrió cuando mi hijo y mi hija eran mucho más pequeños. Mi hijo, Alex, estaba construyendo algo con Legos cuando mi hija, Lexi, entró de repente y, en un instante, medio destruyó lo que a Alex le había llevado mucho tiempo construir.

Los alentadores y los desalentadores en nuestra vida tienden a tener un patrón similar. Nos lleva mucho confiar en las palabras alentadoras, mientras que las palabras desalentadoras tienden a tener un impacto inmediato y duradero en nosotros. Tendemos a prestarle más atención a la crítica negativa.

Tenga en mente, sin embargo, que el desaliento es distinto a la crítica constructiva. El desaliento tiene el propósito de derribarnos, degradarnos y denigrarnos. La crítica constructiva es útil para el crecimiento y el desarrollo. Es una parte necesaria, pero difícil, de la crianza. Cuando les ofrecemos una crítica constructiva a nuestros hijos, debemos tener en mente la amonestación del apóstol Pablo de decir la verdad en amor (Efesios 4:15).

Considere sus propias palabras. ¿Usa sus palabras para derribar o para edificar? ¿Cómo puede animar con más eficacia y consistencia a los miembros de su familia? Los contribuidores construyen y los consumidores derriban. Los contribuidores quieren el bienestar del otro, mientras que los consumidores desean su propio bienestar.

ser un contribuidor en vez de un consumidor. Conversen también sobre la función que Dios podría querer que su hijo asuma en el mundo. Explique que Dios nos llena de su fortaleza y su bondad, y nos ayuda a servir a otros.

Llene el vaso con la bebida dulce favorita de su hijo. Dígale que al leer las Escrituras y tener un diálogo continuo con nuestro Dios, nuestro vaso se llena de su amor y fortaleza. Explíquele a su hijo que una vez que el vaso de su vida esté lleno de la fortaleza y bondad de Dios, su hijo podrá servir de manera efectiva a otros con la dulzura del amor de Dios. Conversen cómo puede su hijo animar e influenciar a otros con el amor de Dios. Anime a su hijo a disfrutar la bebida.

LOS INFLUENCIADORES

En la primavera de 1983, mis padres decidieron trasladar a nuestra familia a los Estados Unidos. Yo había vivido en la ciudad de México todos mis ocho años de vida.

Mi mamá dijo: «Tienes que despedirte de tus amigos. No los volverás a ver. Nos vamos a mudar a los Estados Unidos».

Yo no sabía qué significaba eso, pero sí sabía que mi mamá había intentado enseñarme inglés y había visitado Minesota y Texas. Había sido una influencia persistente en mi vida mientras ella y mi papá me preparaban para la transición a los Estados Unidos.

El verano de 1983 fue un tiempo desafiante pero poderoso en mi vida. Pasé el verano con mis abuelos, tío y tías anglo-parlantes en Minesota mientras mis padres se mudaban a Colorado Springs con mi hermano y mi hermana mayores. No entendía bien lo que decía la gente, y aprendí a escuchar con cuidado ese verano.

Fue un tiempo muy difícil para mí en lo emocional. Había tenido muchas amistades en México pero tuve que empezar a formar amistades en un país diferente con un idioma que no entendía. Este cambio me causó estrés y ansiedad. (Hasta me salieron verrugas en mis manos). Pero, con el tiempo, empecé a aprender inglés y a formar amistades, en especial cuando me involucré en actividades escolares que me interesaban (como los deportes). También me asignaron a un tutor que invirtió en mí y me ayudó, junto con mi mamá, a leer en inglés. Mis papás no solamente se sacrificaron para venir a los Estados Unidos, sino que invirtieron su tiempo y energía para guiarnos e influenciarnos hacia Dios. No es fácil mudarse a otro país y adaptarse a una nueva cultura, un nuevo idioma, nuevas amistades, una nueva escuela y una nueva iglesia.

Ese primer verano también observé cómo mis abuelos se arrodillaban juntos al lado de su cama y oraban por algunas personas individualmente y por nombre. Recuerdo que se arrodillaban por mucho tiempo cada vez que oraban. De manera similar, mis padres oraban juntos con fidelidad antes de acostarse. Podía oírlos orar mientras me quedaba dormido al otro lado del pasillo. El ejemplo de mis abuelos y de mis padres tuvo una profunda influencia en mi vida. Hoy en día, la oración es una parte central de mi hogar.

Ese verano, mi abuelo me enseñó sobre jardinería y amar a Dios. A mi abuela le encantaba la cocina, y servía a la familia con fidelidad. No había lavavajillas, así que cada uno tenía una responsabilidad. Mi tiempo en Minesota me ayudó a aprender a ayudar en la cocina y con los quehaceres diarios. Mis abuelos tuvieron una influencia directa y duradera en mi vida.

Usted *tendrá* una influencia duradera en la vida de sus hijos. Pero ¿qué clase de impacto dejará? Creo firmemente que los padres que cultivan los siete elementos indispensables tendrán una influencia profundamente positiva en la vida de sus hijos mental, emocional y espiritualmente. El ser padre se trata de contribuir, alentar e influenciar y no de ser perfectos.

Lo opuesto a ser un influenciador es ser un desviador. Los

ACTIVIDAD

Fiesta de los créditos de cierre

Invite a sus contribuidores, alentadores e influenciadores a una fiesta para celebrar el impacto de ellos en su vida. Sería grandioso que sus hijos conocieran a tales edificadores de su vida. Hable de las maneras en las que ellos impactaron su vida. Los hijos tienen que ver que se requieren muchas personas —con Dios como piedra angular— para edificar una vida.

Otra opción es escribirles notas de agradecimiento a las muchas personas que han sido parte de sus créditos de cierre.

desviadores son aquellos que tienen un efecto negativo en la vida de los demás.

El mundo está lleno de influencias que compiten a niveles sin precedentes. Algunos estudios sugieren que los chicos acuden a las pantallas para alejarse de un mundo caótico[4]. La sabiduría es esencial al examinar las influencias para descifrar qué vale la pena en verdad y qué es una distracción nada más. Es su privilegio y su responsabilidad enseñarles y demostrarles a sus hijos lo que significa navegar en un mundo lleno de influenciadores y desviadores. Aunque Salomón era sabio, los desviadores lo tentaron y lo alejaron de la sabiduría y el llamado de Dios para su vida (Nehemías 13:26). Fue influenciado por una mentalidad de consumidor en lugar de la mentalidad enfocada, sabia y contribuidora que Dios lo había llamado a poner en práctica. El cúmulo de pequeñas decisiones que tomamos determina la dirección general de nuestra vida.

Tenga en mente que el estrés matrimonial y los hijos mal portados pueden distraernos con rapidez de nuestra crianza. Los estudios sugieren que cuando hay estrés matrimonial, los padres tienden a desconectarse y ser elusivos, mientras que las madres tienden a ser más controladoras y estrictas[5]. También es interesante que el estrés en el matrimonio hace que los padres sean menos constantes en su crianza y apoyo. El mismo estudio descubrió que la participación, los límites y el apoyo constante de los padres resultaron en la disminución de comportamientos problemáticos en los adolescentes. Esta influencia positiva ayuda a mantener encaminados a los adolescentes durante esta turbulenta y confusa época de la vida.

• • •

Hace poco fui al funeral de un hombre que vivió su papel como esposo, padre y abuelo lo mejor que pudo. Disfruté escuchar los testimonios que se compartieron sobre su vida. El denominador común de lo que se dijo no fue que había sido perfecto, sino que hizo lo mejor que pudo para amar a su familia, siendo tan constante como pudo y pasando tiempo con ellos. Se había tomado el tiempo para ser contribuidor, alentador e influenciador en la vida de otros. Formó parte de los créditos de cierre de la vida de muchas personas. Estoy seguro de que no siempre fue amoroso, respetuoso, agradecido, adaptable, perdonador, intencionado o bueno con los límites, pero sin duda hizo lo mejor que pudo.

Que el leer este libro y el aprender sobre los siete elementos indispensables para la crianza de sus hijos,

los fortalezca con poder en el ser interior por medio de su Espíritu. Entonces Cristo habitará en el corazón de ustedes a medida que confíen en él. Echarán raíces profundas en el amor de Dios, y ellas los mantendrán fuertes. Espero que puedan comprender, como corresponde a todo el pueblo de Dios, cuán ancho, cuán largo, cuán alto y cuán profundo es su amor. Es mi deseo que experimenten el amor de Cristo, aun cuando es demasiado grande para comprenderlo todo. Entonces serán completos con toda la plenitud de la vida y el poder que proviene de Dios. Y ahora, que toda la gloria sea para Dios, quien puede lograr mucho más de lo que pudiéramos pedir o incluso imaginar mediante su gran poder, que actúa en nosotros. ¡Gloria a él en la iglesia y en Cristo Jesús por todas las generaciones desde hoy y para siempre! Amén. (Efesios 3:16-21)

LOS CONTRIBUIDORES, LOS ALENTADORES Y LOS INFLUENCIADORES

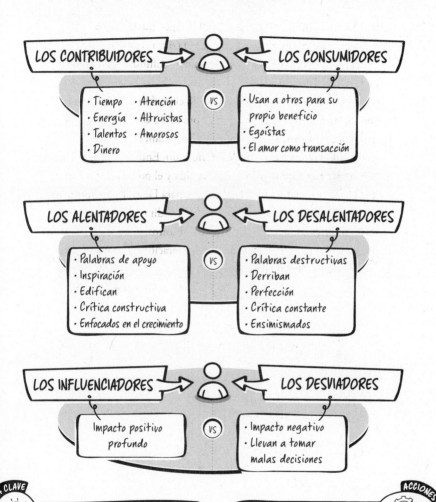

LOS CONTRIBUIDORES — vs — **LOS CONSUMIDORES**

- Tiempo   - Atención
- Energía   - Altruistas
- Talentos   - Amorosos
- Dinero

- Usan a otros para su propio beneficio
- Egoístas
- El amor como transacción

LOS ALENTADORES — vs — **LOS DESALENTADORES**

- Palabras de apoyo
- Inspiración
- Edifican
- Crítica constructiva
- Enfocados en el crecimiento

- Palabras destructivas
- Derriban
- Perfección
- Crítica constante
- Ensimismados

LOS INFLUENCIADORES — vs — **LOS DESVIADORES**

- Impacto positivo profundo

- Impacto negativo
- Llevan a tomar malas decisiones

IDEA CLAVE

Como padre, usted tiene el privilegio de ser un **CONTRIBUIDOR**, un **ALENTADOR** y **INFLUENCIADOR** en la vida de sus hijos conforme los guía a ser contribuidores dentro de la historia del reino de Dios.

ACCIONES

Modele tomarse el tiempo para estar agradecido por los contribuidores, los alentadores y los influenciadores en su propia vida. Modele también una consciencia de los consumidores, los desalentadores y los desviadores en su propia vida.

CAPÍTULO 2

LA ADAPTABILIDAD

El cambio es la única constante en la vida.
La habilidad de uno para adaptarse a esos cambios
determinará su éxito en la vida.
—BENJAMIN FRANKLIN

La vida no se trata de esperar a que pase la tormenta.
Se trata de aprender a bailar en la lluvia.
—VIVIAN GREENE

EN LA CIENCIA FICCIÓN, la adaptabilidad a menudo se presenta de forma aleccionadora. Una inteligencia artificial se convierte en una amenaza para la humanidad cuando aprende a «leer» un conjunto complejo de circunstancias y ajusta sus acciones en consecuencia. Mientras más adaptable llegue a ser la IA, más humana —y luego sobrehumana— se vuelve. En la ciencia ficción, es entonces cuando la emoción y el peligro de la trama comienzan en verdad.

Sin embargo, en la vida real, la adaptabilidad es una de las cualidades más valiosas que una persona puede poseer. La adaptabilidad es la capacidad de adaptarse a toda clase de circunstancia y manejar la reacción de la mente a lo que sea que una persona esté enfrentando en ese momento.

La adaptabilidad también es una de las cualidades más elusivas. Para ser adaptables, tenemos que poder evaluar y aceptar a los demás tal como son. No como suponemos que son o como nos gustaría que fueran, sino como son en realidad. Para la mayoría, eso no es fácil porque tendemos a ver a los demás a través del lente de nuestra propia experiencia. Mientras que nuestro cuerpo está increíblemente diseñado para adaptarse, nuestra mente a veces impide que nos adaptemos bien a situaciones nuevas y circunstancias inesperadas. Las emociones profundas, las diferencias de personalidad, las limitaciones del tiempo y las expectativas preconcebidas son solo algunos de los factores que nos dificultan el ser adaptables.

Para hacerse una idea de cuán difícil puede ser la adaptabilidad, considere el asunto de las diferencias de personalidad. Hay una variedad de pruebas que determinan el tipo de personalidad de alguien. Aun así, incluso las más sofisticadas revelan solo un pequeño vistazo de la complejidad de la personalidad de un individuo y de cómo su personalidad se interrelaciona con otras.

Algunos tipos de personalidad —por ejemplo, el flexible, el aventurero, el social, el espontáneo y aquellos menos atentos a los detalles— están mejor equipados para ser adaptables por naturaleza. A las personas al otro lado del espectro —las inflexibles, las conscientes de la seguridad, las obstinadas, las tradicionales y aquellas que están más atentas a los detalles— les cuesta más ser adaptables. Cuando combina a miembros de una familia con diversos rasgos de personalidad, obtiene encuentros que están listos para el estrés.

Tengo un vívido recuerdo de una llamada telefónica que respondí cuando trabajaba en el departamento de consejería de Enfoque a la Familia. La madre en la línea estaba gritando y llorando. Se había encerrado en el baño. Yo podía escuchar a los niños llamándola y tocando la puerta. Dijo que ya no aguantaba y no podía más. Quería golpear a sus hijos y se había encerrado en el baño para protegerlos. Estaba exhausta, sola y abrumada por completo. Para empezar, hablamos sobre qué la había llevado a ese momento. Después de tranquilizarse, pudo recuperar la perspectiva y adaptarse a la difícil situación que enfrentaba al implementar un conjunto distinto de estrategias. Ella necesitaba introducirle estructura al caos. Necesitaba un plan para lidiar con sus propias emociones y para influenciar de manera más eficaz las respuestas que sus hijos le daban. Le agradezco a Dios por esa hora divina ¡y por la oportunidad de ayudar a la mujer por teléfono a cientos de kilómetros de distancia!

A lo largo de los años, he hablado con padres en muchas situaciones a las que era difícil adaptarse, desde un hijo que se había suicidado hasta cómo compartir los quehaceres como padres nuevos, organizar horarios llenos de actividades interminables y hasta un hijo diagnosticado con autismo, depresión o trastorno obsesivo compulsivo. La variedad de situaciones a las que los padres deben adaptarse y reaccionar es interminable. Y el desafío es que ser adaptable significa saber que, muchas veces, cuando tenemos un plan, el plan inevitablemente cambia.

No hace mucho, estaba de pie en la iglesia, con los ojos cerrados, cantando con un coro de alabanza, cuando sentí un toque en mi hombro. Mi hijo me preguntó: «Papá, ¿podemos hablar?». Era la segunda vez en el último año que mi hijo adolescente me pedía que hiciéramos esto juntos en la iglesia. ¡Qué honor e inesperada sorpresa! Mi plan era cantar y pasar un tiempo con Dios. No estaba preparado por completo para la petición de mi hijo, pero sin duda estaba disponible. Este fue el momento en que la trayectoria de mi hijo se cruzó con mi disponibilidad. No hay nada que pueda prepararnos por completo para todos los pormenores de las necesidades de nuestros hijos. Simplemente no podemos predecir qué van a necesitar ni cuándo lo van a necesitar. Ellos van a necesitar momentos de cariño, sensibilidad y juego, así como momentos de límites, demandas, guía y enfoque. No se puede planear para ello, así que debemos adaptarnos a estar preparados y disponibles para responder a esos momentos inesperados en la vida de nuestros hijos.

EN CONSTRUCCIÓN

En mi práctica de consejería, la analogía que uso para la adaptabilidad implica, de todo lo que pudo ser, la planeación urbana y las obras viales. Si ha conducido cualquier distancia últimamente, es probable que se haya topado con alguna clase de obra vial. No importa a dónde vaya, algo siempre está en construcción. Y para llegar a donde quiere ir, tiene que adaptarse a los obstáculos y a los desvíos que crea la construcción.

Lo mismo aplica a las familias. Visualice un mapa estatal. Esto representa a su familia. Dentro del mapa, cada miembro de la familia está representado por una ciudad. Así que, en el mapa estatal de mi familia hay cuatro ciudades, las cuales me representan a mí, a mi esposa, a mi hijo y a mi hija. El estado de mi familia se caracteriza por los rasgos de mi familia, y cada ciudad en el estado de mi familia se caracteriza por los rasgos únicos de cada miembro de la familia. Desde cada ciudad en el estado de su familia, imagine que dibuja caminos o autopistas para conectar las ciudades, dependiendo de la fortaleza de las conexiones entre los miembros de la familia.

Cuando un esposo y una esposa se unen, traen sus experiencias pasadas, las cuales incluyen conexiones (calles) a ciudades

de otros estados y las características únicas que se han desarrollado en su propia ciudad.

Piense en la época en que comenzó a salir con su cónyuge.
Visitaron la ciudad del otro por primera vez, y les encantó lo
que vieron. Mientras más tiempo pasaron en la ciudad del
otro, más se conectaron. Con todo ese tráfico, sin embargo,
surgió la necesidad de obras viales. Era inevitable que hubiera
accidentes y se deterioraran las calles con el tiempo. Tuvieron
que dedicar tiempo y ser intencionados mientras se adapta-
ban a las diferencias del otro y decidían casarse y construir
una autopista principal permanente entre los dos.

Conforme dos cónyuges construyen una autopista principal, establecen conexiones más fuertes entre sí con el tiempo.
El esposo y la esposa influencian de manera significativa y
directa el desarrollo de la ciudad del otro. También pueden
adquirir las características del otro en su propia ciudad. Sin
embargo, es inevitable que se necesiten continuas y constantes reparaciones, construcción y consciencia de ambos mientras se ajustan a las diferencias del otro y se esfuerzan por
mantener y ampliar una autopista próspera que los conecta
a los dos. Cada uno también tendrá que tener consciencia
de cómo es para otros visitar su ciudad. ¿Está lista para visitantes? ¿Se sienten las personas bien recibidas, importantes
y amadas cuando entran a la ciudad? ¿Qué otras conexiones
deben continuar, disminuir o desconectarse? Todas estas son
preguntas importantes que la pareja debe plantearse cuando
comienza a establecer un estado saludable y en expansión.

Los hijos de la pareja comienzan como una ciudad

pequeña que al principio tiene caminos de tierra conectándolos con sus padres y después con otros a su alrededor. Mientras más tiempo, afecto y atención se les da a los hijos, con más rapidez se construyen las autopistas. El desarrollo de las ciudades de los hijos se ve influenciado directamente por estas autopistas relacionales. Los hijos aprenden los pormenores de la construcción y el mantenimiento de su propia ciudad. Su ciudad, en constante construcción, también adquiere características únicas.

Dios, en todo esto, es el Arquitecto maestro, el Diseñador y el Constructor tanto de las ciudades como de los sistemas de autopistas. Él ya ha elaborado el plan de construcción supremo para cada persona. Le encanta ser parte del desarrollo fundamental de las ciudades y las autopistas. Mientras más temprano aprendan los chicos a invitar la presencia de Dios a la construcción de sus ciudades y sus calles, más fuertes serán y mejor desarrolladas estarán. Dios, por medio de la muerte de su Hijo en la cruz, inició el sistema supremo de reparación de autopistas. Introdujo la gracia y el perdón como ingredientes esenciales para reparar las calles entre las ciudades.

Tenga en mente que algunas autopistas son más grandes y tienen mejor mantenimiento que otras. Algunas autopistas pueden tener puentes que funcionan bien, mientras que otras tienen puentes dilapidados o deteriorados. A través de nuestra crianza, los niños aprenden que construir y mantener su ciudad depende de ellos. También aprenden que el mantenimiento, la reparación y la construcción de las autopistas hacia otras ciudades depende de ellos. Por ejemplo, un niño puede aprender que dormir y la nutrición apropiada ayudan al mantenimiento general de la ciudad, y dedicarle tiempo a reflexionar en sus pensamientos, sentimientos y creencias es como crear una estructura general de la ciudad.

La analogía plantea algunas preguntas:

- ¿Qué pasa cuando una ciudad queda desconectada de otras ciudades?
- ¿Qué pasa cuando hay poco tráfico de otras ciudades hacia una ciudad?
- ¿Qué pasa si una persona nunca construye o mantiene su ciudad?
- ¿Está lista mi ciudad para una visita y la conexión con otras?
- ¿Qué experimentará otra persona cuando visite mi ciudad?
- ¿Cuál es el tema de mi ciudad?
- ¿A qué quiero que se parezca mi ciudad?
- ¿Hay alguna calle o puente que necesite mantenimiento?
- ¿Qué pasa cuando un puente entre ciudades está deteriorado?
- ¿Qué se puede hacer para reparar el puente?

Las ciudades que están desconectadas de otras ciudades no van a prosperar. De manera similar, las ciudades que dependen por completo de otra ciudad no prosperarán. Por eso es importante desarrollar interdependencia en los hijos en lugar de independencia o dependencia. Los niños deben aprender que para que una vida madure, se deben crear, mantener y reparar las conexiones entre las ciudades mientras sus propias ciudades siguen creciendo y desarrollándose para ser las ciudades que Dios diseñó.

Cuando una ciudad no se desarrolla tal como Dios quiso, las ciudades circundantes se afectan tanto como la ciudad que se atrofió en su crecimiento. Sin embargo, las demoras y las dificultades son parte del proceso de crecimiento y desarrollo de toda ciudad. Cada ciudad debe estar en comunicación constante con el Arquitecto maestro, Diseñador y Constructor mientras se adapta al proceso siempre cambiante y siempre desafiante del desarrollo y mantenimiento de las ciudades, carreteras y autopistas.

Recuerdo muchas veces en las que tuve que reparar los puentes y las autopistas con mi familia. Sobresale una vez en particular. Yo tenía mucho que hacer ese día. Había un proyecto que me estaba costando terminar y una fecha límite que tenía que cumplir. Había varias cosas convergiendo a la vez. La situación se sentía como una autopista de Dallas. Era caótica y abrumadora. La presión era bastante intensa. Para cuando llegué a casa, sentía que el cerebro me iba a explotar. Estaba pensando en todo lo que tenía que terminar, y quería pasar un rato tranquilo con mi familia. Aun así, entré por la puerta con una mochila llena de papeles que todavía requerían atención. Fue entonces que Lexi y yo nos cruzamos.

Lexi quería que nos conectáramos. Estaba lista para visitar mi ciudad, y quería que yo visitara la suya. Mi hija, Lexi, puede ponerse hiperactiva en un instante. Me refiero, por supuesto, a la hiperactividad positiva. Es afectuosa, relacional, platicadora, extrovertida, entusiasta y energética. Su exuberancia, combinada con su amor al canto, puede ser increíble, pero también puede ser un poco abrumadora cuando las redes sensoriales de uno no están listas para ello. Esa noche en particular, era obvio que estaba emocionada por algo. Incluso desde el camino de entrada a la casa, ¡yo había escuchado su bella voz cantando! Antes de que pudiera descargar mis cosas, ella corrió, me abrazó por la cintura como una boa constrictora y, en el proceso, apretó también mis intestinos y bazo. Me dijo todo lo que le había pasado en el día y comenzó a lanzarme un torrente de preguntas.

Al mismo tiempo, mi esposa estaba tratando de hablarme mientras mi hijo intentaba llamar mi atención. Fue entonces que mi cerebro experimentó «un momento». Había tráfico de hora pico en todas las conexiones principales de mi ciudad.

«¡Basta!», dije con voz severa mientras le mandaba un grupo de rescate a mi cerebro. Casi de inmediato, el rostro de Lexi cambió. Dio un paso atrás. Yo detuve todo el tráfico que entraba y salía de nuestras ciudades. En un instante pude ver que Lexi se sintió desconectada y herida. Me di cuenta de que no había manejado bien ese momento. Lexi no sabía lo que había estado ocurriendo en mi ciudad todo el día. Me estaba costando adaptarme a las muchas demandas que tenía encima y, cuando Lexi y yo nos cruzamos, ella no tardó en darse cuenta de que yo no estaba listo para más tráfico.

Sé que no soy el único que experimenta ese momento de

construcción, construcción, construcción y explosión. Cada día, los padres se enfrentan a la falta de sueño, las juntas escolares, los horarios, el trabajo, los hijos que carecen de autocontrol, las enfermedades, el desorden, los cambios de pañal, el matrimonio, las amistades, las preguntas. La lista podría seguir y seguir. A veces le atinamos, y a veces no. La crianza en verdad es un viaje hacia la santificación y el aprender a ser contribuidores, sin importar cuán imperfectos, en la vida de nuestros hijos.

EL ESTRÉS DE LOS PADRES

Para mí es fascinante que, en cada etapa de la crianza, los padres tienen estreses comunes. Antes del nacimiento, el estrés es ocasionado por la preparación. El enfoque está en ganar tanto como sea posible, preparar una habitación para un bebé y saber que la vida cambiará para siempre. Después del nacimiento, el estrés es ocasionado por la falta de sueño, los pañales y el cuidado de un niño que depende por completo de uno para sobrevivir. A menudo hay estrés en las finanzas, el tiempo y la energía durante esta etapa de la crianza, en especial si tiene más de un hijo.

Un par de años después, el estrés es ocasionado por la terrible y bien conocida etapa de los dos y los tres años. El comportamiento, las opiniones y la independencia del niño parecen salir de la nada y hacen que sea un tiempo estresante para los padres.

En la edad preescolar, el estrés es ocasionado por la presión de que los padres quizás no estén exponiendo a sus hijos a suficientes libros, palabras, experiencias o juguetes educativos. Abundan las comparaciones entre los padres. Quizás los padres no lo admitan, pero si pudiéramos ver las burbujas de sus pensamientos, encontraríamos un diluvio de inseguridades, comparaciones y juicios. La falta de energía, seguridad financiera y tiempo siguen agregando estrés.

En el jardín infantil, el estrés es ocasionado por las amistades que van surgiendo, las comparaciones interminables y el que los niños pasen más tiempo en la escuela. Para muchos padres, el hecho de que un niño esté menos en casa y pase más tiempo en la escuela y con los compañeros les provoca mucho estrés. Los problemas de comportamiento, las finanzas del hogar, el tiempo limitado y la falta de energía también pueden incrementar el estrés. Esta es una edad crítica para que los niños aprendan el autocontrol. Muchos niños van a necesitar ayuda muy enfocada en esta área.

Durante los años de primaria, el estrés de los padres es ocasionado por los quehaceres de la casa, las calificaciones, las vacaciones y las demandas día a día.

Durante los años de la preadolescencia, el estrés es ocasionado por la anticipación de la adolescencia y la preparación para ella. El cuerpo comienza a cambiar, y la pubertad comienza a emerger. El cerebro se está preparando para algunos grandes cambios que afectarán el crecimiento, el estado de ánimo y las reacciones. Esto cambia el comportamiento del hijo de una forma que hace que a los padres les cueste adaptarse.

Durante los años de la adolescencia, el estrés es ocasionado por la influencia de los compañeros en la toma de decisiones del joven y las demandas por tiempo y la creciente independencia.

El cerebro adolescente está en su punto más vulnerable porque reacciona mucho a las recompensas, a los riesgos y a las cosas o experiencias nuevas. Los años de la adolescencia ofrecen un tiempo increíble para el aprendizaje. Todos estos cambios pueden presentar muchos desafíos para los padres conforme ayudan al adolescente a crecer hacia la adultez.

Esta es una lista rápida y muy general, pero usted capta la idea. Los desafíos son impredecibles y únicos para cada niño y cada familia. Debemos adaptarnos conforme crecen y cambian nuestros hijos. Esto puede ocasionar estrés, pero también conlleva una gran oportunidad y una gran recompensa.

Algo que me encanta de ser padre es que conforme influimos en nuestros hijos, ellos también influyen en nosotros. Por ejemplo, los hijos están programados para la interacción desde que son bebés. Buscan el rostro, la voz y la atención de sus padres y los atraen por una sonrisa, una cosquilla, una caricia o un juego el tiempo que puedan mantener interesados a sus padres. Si un padre está demasiado estresado o distraído, puede perderse estas señales que llevan a la conexión y al apego.

Desafortunadamente, el padre también se perderá la oxitocina que se puede liberar como resultado de la conexión emocional. La oxitocina es una hormona de apego emocional que nuestro cuerpo secreta para desarrollar el apego y fomentar los sentimientos de seguridad, confianza y conexión con otros. También ayuda a tranquilizar el estrés en nuestro sistema límbico. Dios creó a nuestro cuerpo para responder a la conectividad.

La oxitocina se libera cuando el cuerpo experimenta un toque seguro y reconfortante, como un abrazo, toques suaves en los brazos o el rostro, o incluso un masaje. En nuestro hogar, al haber crecido como latino, estaba acostumbrado al toque físico. Había muchos abrazos y *cosquillitas*, son toques reconfortantes en el brazo, el rostro, la espalda o la cabeza. Cuando mi mamá me hacía cosquillitas en la iglesia, yo me sentía tranquilo, seguro y relajado. He continuado la tradición de las cosquillitas con mis hijos, y les encanta. Puedo ver con facilidad que esto ha creado un vínculo más fuerte por medio de la liberación de oxitocina. El toque seguro y amoroso es un componente esencial para el apego. También he observado que me siento más tranquilo y relajado cuando les hago cosquillitas a mis hijos. Obtenemos el beneficio mutuo del estrés reducido aunque sea yo quien les está haciendo cosquillitas a ellos.

Otras formas en las que se puede liberar oxitocina incluyen oír la voz de un ser amado, ver su sonrisa y reírse juntos. Es interesante que el estrés reduce la producción de oxitocina y el funcionamiento general del sistema de la oxitocina. Además, cuando hay conflicto continuo en el hogar, también se suprime la oxitocina. Como resultado, hay menos apego relacional, y fluyen menos hormonas que tranquilizan las emociones, lo cual entonces aumenta la desconexión, la depresión, la frustración y el conflicto.

Dios, en su increíble diseño, creó la oxitocina como un químico neuroprotector para nuestro cerebro. Diseñó al cuerpo humano para que tuviera beneficios sorprendentes por las conexiones saludables con otros a través del toque físico, las sonrisas, los abrazos, las palabras alentadoras, la familiaridad, las cosquillitas, la atención y la relación.

Las fuentes potenciales de estrés para los padres son casi interminables. Además de sus necesidades personales, relacionales, profesionales, financieras, espirituales, emocionales y materiales, las madres y los padres tienen que pensar en proteger a sus hijos y proveer para ellos. Y como si fuera poco, tienen que enfrentar ese desafío increíble en el contexto de una cultura siempre cambiante y que no comprende la importancia de una relación con Dios.

Gracias a la tecnología persuasiva, la cual está diseñada para persuadir a sus usuarios a cambiar sus actitudes o cambiar sus comportamientos, los padres tienen aún más desafíos al criar a sus hijos. La tecnología y otras clases de entretenimiento ofrecen un torrente continuo de cosas nuevas que los padres tienen que monitorear, conversar y limitar. De hecho, un término nuevo que se introdujo a nuestra cultura es *tecnoferencia*, el cual se refiere a la interferencia de la tecnología en las relaciones. Los padres dicen constantemente que sus desafíos más grandes en la crianza son enseñarles a sus hijos sobre la sexualidad bíblica, limitar el entretenimiento y la tecnología, y balancear las distintas personalidades en el hogar. Estos presentan desafíos adicionales para obtener los beneficios de la oxitocina que viene de la interacción cara a cara y genuinamente conectada.

«HEMOS CONOCIDO AL ENEMIGO, Y ÉL ES NOSOTROS»

¿Cuántos de nosotros somos víctimas de la creencia de que la vida tiene que ser fácil, sin inconveniente, incomodidad o dolor alguno? Me arriesgaría a conjeturar que la mayoría de nosotros quiere que las cosas sean como queremos que sean, y queremos que todo salga bien y con seguridad, en especial para nuestros hijos. Durante años, he orado: «Señor, mantennos a salvo. Mantén a mi familia a salvo». Pero estoy aprendiendo que, como contribuidores, Dios quiere que seamos seguidores y creyentes inquebrantables, no solo que estemos a salvo. En nuestros intentos de proteger a nuestros hijos, a menudo hacemos el gran esfuerzo de tratar de controlar las cosas que no podemos controlar.

Los adultos encuentran muchas cosas relevantes por las cuales hay que estresarse: la atención médica, la situación política, el crecimiento espiritual, el manejar tanto el inglés como el español en casa, el dinero, la economía, las relaciones familiares, las relaciones en general, las responsabilidades familiares, y la velocidad y el ritmo de la vida moderna. Por supuesto, eso no es más que una parte de la historia. Hay cientos de factores más pequeños y más personales que también tienen que tomarse en cuenta. Es más, mientras más tiempo vivimos y más cosas experimenta nuestro cerebro, parece que el tiempo avanza con mayor rapidez. Esto aumenta también nuestra sensación de estar bajo presión. Mientras más rápido gira la rueda, más desesperado es nuestro deseo de encontrar cómo bajarnos del carrusel y, a veces, nada más tenemos ganas de dormir, gritar o llorar.

La gente busca alivio de muchas maneras distintas. Algunos usamos el entretenimiento o la tecnología. Algunos nos enojamos o irritamos con rapidez. Algunos dejamos de interesarnos y nos desconectamos de las relaciones. Otros caen en la ansiedad o fatiga o intentan encontrar una salida por medio de comportamientos adictivos o alguna otra forma de escapismo. En todos los casos, a las condiciones externas, sean cuales sean, se les permite presionar al cerebro «hasta el límite» y llevarlo a un lugar donde se pone reactivo.

Cuando funcionamos en modo reactivo, tendemos a culpar a nuestras circunstancias. Decimos: «Estoy preocupado porque no tengo suficiente dinero para pagar mis cuentas» o «Estoy enojado porque Juanito reprobó su examen de matemáticas». De lo que no nos damos cuenta es que no es la situación, sino nuestra interpretación de la situación, lo que ocasiona el problema. El detonante está adentro, no afuera. El poder de apagar el interruptor y decidir con propósito cómo reaccionar está por completo en nuestras propias manos.

El estrés es más que nada el resultado de nuestra interpretación de una cierta situación. Miramos a nuestro alrededor, asimilamos los detalles de lo que nos rodea y determinamos lo que creemos que está pasando. Nos adelantamos y juzgamos la situación como buena o mala en lugar de observar qué pasa y decidir cómo reaccionar. Por ejemplo, cuando mi familia se atrasa para irnos de vacaciones, muchas emociones y pensamientos pueden surgir en mi mente. Me encantaría salir lo más temprano posible, pero rara vez resulta como se planeó. Podría interpretar nuestra tardanza como algo malo al suponer que esas pocas horas de tardanza son cruciales para que las vacaciones sean divertidas. Sin embargo, en vez de eso podría elegir ver las horas de preparación adicionales como una oportunidad para modelar paciencia, amor y cooperación. Puedo reaccionar haciendo que el tiempo de preparación sea divertido y considerando ese rato parte de nuestro tiempo de vacaciones juntos. Le puedo garantizar que mi reacción marca una gran diferencia en cómo comienza emocionalmente el tiempo de vacaciones familiares para todos nosotros.

Las mamás y los papás tienen mucho poder para establecer el tono en el hogar y en los momentos diarios. Cómo mi esposa y yo decidimos reaccionar a cada situación tiene un efecto dominó que afecta a todos en nuestro hogar.

Las Escrituras pueden llevar a la mente a donde debe de estar sin importar las circunstancias. Vea Romanos 5:3-5:

> También nos alegramos al enfrentar pruebas y dificultades porque sabemos que nos ayudan a desarrollar resistencia. Y la resistencia desarrolla firmeza de carácter, y el carácter fortalece nuestra esperanza segura de salvación. Y esa esperanza no acabará en desilusión. Pues sabemos con cuánta ternura nos ama Dios, porque nos ha dado el Espíritu Santo para llenar nuestro corazón con su amor.

El apóstol Pablo enfrentó muchas circunstancias estresantes durante el curso de su extraordinario ministerio. Enfrentó oposición, prisión, problemas en las iglesias y diferencias de personalidad con personas que estaban en el ministerio con él. Para él llegó a ser terriblemente difícil en el trayecto, pero aprendió a manejar su pensamiento para enfrentar aquellos desafíos. Él conocía los desafíos de la mente. Considere lo que escribió:

Así experimentarán la paz de Dios, que supera todo lo que podemos entender. La paz de Dios cuidará su corazón y su mente mientras vivan en Cristo Jesús. Y ahora, amados hermanos, una cosa más para terminar. Concéntrense en todo lo que es verdadero, todo lo honorable, todo lo justo, todo lo puro, todo lo bello y todo lo admirable. Piensen en cosas excelentes y dignas de alabanza. (Filipenses 4:7-8)

No es que haya pasado necesidad alguna vez, porque he aprendido a estar contento con lo que tengo. Sé vivir con casi nada o con todo lo necesario. He aprendido el secreto de vivir en cualquier situación, sea con el estómago lleno o vacío, con mucho o con poco. Pues todo lo puedo hacer por medio de Cristo, quien me da las fuerzas. (Filipenses 4:11-13)

Estos pasajes de las Escrituras nos dan un vistazo de las estrategias que usaba Pablo para tomar el control de sus pensamientos y adaptarse a las situaciones que enfrentaba de una manera que lo beneficiaba a él y que honraba a Dios. Estas Escrituras nos muestran lo que significa ser un cristiano adaptable.

Como cristianos, también poseemos la milagrosa y asombrosa realidad del Espíritu Santo que vive y obra por medio de nosotros. Esta realidad nos hace adaptables a las circunstancias a través de la oración, la confianza y la alineación con nuestro Padre celestial. La oración puede ayudar a la mente a realinearse con Dios. La oración también es una manera en que múltiples mentes se unen en un deseo común. Le da paz y esperanza a un cerebro que, con frecuencia, está caótico.

A través de la relación con el Espíritu Santo y la sana dirección y redirección de la mente, nuestro propio ser espiritual se edifica sobre un fundamento sólido, y somos capaces de crecer y madurar. Esto es lo que nos ayuda a adaptarnos a las circunstancias siempre cambiantes en la vida y en la crianza.

Es crucial que nuestros hijos aprendan a tener una relación con Dios en vez de que vean a Dios como un ser distante esperando establecer reglas y castigos. Pero si los hijos aprenden, más bien, a alinear su mente con la mente de Cristo, aprenderán a ver la vida, las circunstancias y las relaciones de manera distinta. Serán capaces de ver a un Dios amoroso, la santidad del matrimonio, los beneficios de la familia y el rol transformador de la crianza. El Salmo 119 provee un entendimiento increíblemente sólido de las leyes y los estatutos de Dios como beneficiosos para guiar la mente. El salmista menciona seis veces su intención de meditar en los preceptos, las obras y las promesas de Dios en el Salmo 119.

ASÍ ES SU CEREBRO BAJO ESTRÉS

Cuando usted está bajo estrés, su cuerpo secreta una hormona poderosa que se llama cortisol, la cual, al igual que muchas drogas beneficiosas, puede tener efectos dañinos en grandes dosis. El estrés crónico agota al cuerpo de neurotransmisores, lo cual lleva a un aumento de ansiedad y depresión. También puede desencadenar el inicio de síntomas psicofísicos como la pérdida de la memoria, la irritabilidad, las úlceras y el síndrome del colon irritable. Tales son condiciones con las que muchos padres agotados están bastante familiarizados.

Todo esto le puede hacer bastante daño a su cuerpo, su mente y su alma. También puede dañar a las personas que lo rodean e introducir conflicto en sus relaciones familiares. El estrés tiene un efecto dominó. Cuando los padres reaccionan, es fácil que los hijos lo malinterpreten. Esto, a su vez, crea estrés en su joven corazón y mente.

Recuerdo demasiado bien cómo mi propio nivel de estrés afectó a mi hijo, Alex, cuando apenas tenía cuatro años. Los padres a menudo suponen que los niños pequeños ignoran lo que pasa en el mundo adulto. No es así. En los primeros días de mi matrimonio, batallé para adaptarme a los desafíos de trabajar, dar consejería, criar a un hijo y relacionarme con mi cónyuge. Aunque él no podría haberlo expresado con palabras, Alex podía ver lo que me ocurría.

Una noche en la cena, cuando mi cerebro estaba «encerrado» por completo en mis propias percepciones de mis problemas, él se bajó de pronto de su silla, tomó un destornillador de juguete y vino a donde yo estaba sentado. «Papi roto», dijo, colocando el destornillador en mi costado. Fue como si Dios me estuviera hablando a través de mi pequeño. Por mi rostro rodaron lágrimas al ver el rostro inocente y amoroso de mi hijo. Mi mente y la suya se conectaron cuando sentí compasión y amor por mi hijo. Mi cerebro fue renovado por el amor transformador de Dios, el cual me sacó de mi encierro cerebral e hizo posible que mi mente se reconectara con mi familia. Gracias a que Dios me habló a través de Alex, pude reconocer la verdadera fuente de mi estrés: el caos en mi cerebro. Ese fue el primer paso para tomar el control de mi reacción.

El desempeño pasado no equivale a los resultados futuros

Dios nos ha programado para aprender, crecer y adaptarnos. ¿No sería grandioso si siempre usáramos con cuidado las experiencias pasadas para tomar decisiones nuevas y mejores? En caso de que no se haya dado cuenta, los seres humanos son inteligentes, pero cometen muchos errores. Los investigadores están descubriendo que esto podría tener mucho que ver con nuestros niveles de estrés.

Según estudios llevados a cabo por neurólogos de la Universidad de Iowa, la Universidad de Nueva York y el Instituto Tecnológico de California, la corteza frontopolar del cerebro nos ayuda a predecir acontecimientos futuros según experiencias del pasado[1]. En otras palabras, tiene el poder de proyectar un patrón establecido en circunstancias que todavía no han ocurrido.

Esta región del cerebro es la que ayuda a los humanos a tomar las mejores decisiones posibles en ambientes impredecibles y desconocidos. El cerebro recopila información de lo que es conocido y trata de descifrar qué podría ocurrir.

Lo que una persona ha experimentado, cómo se recuerdan las experiencias y qué significaron las experiencias para esa persona se filtra a través de un lente de la personalidad que es única para cada persona. Entonces, la persona interpreta la situación actual y el cerebro usa atajos para reaccionar rápida y eficientemente. Esto deja mucho margen para el error.

Las funciones de la corteza frontopolar pueden ser útiles en algunas situaciones. Pero en otras pueden producir preocupación y estrés innecesarios. Esto se debe a que podemos sacar conclusiones que no se basan en lo que ocurre en realidad, sino en lo que el cerebro ha fraguado como posibilidades.

Por ejemplo, un niño puede golpear a otro porque está cansado, pero podría estar actuando por enojo o alguna otra razón, incluyendo el estrés, la soledad o el sentirse rechazado por los otros niños. La lista de posibilidades es larga.

El padre puede reaccionar a la mala actitud suponiendo lo peor sobre por qué está actuando así el niño según la experiencia pasada del padre. Sin embargo, es mejor corregir el comportamiento y luego explorar intencionadamente por qué el niño decidió golpear a alguien. Adapte lo que piensa sobre el acontecimiento conectándose al mundo en la mente de su hijo. Esto requiere tiempo, energía, paciencia y un oído cuidadoso.

CUATRO ESTRATEGIAS CLAVES

Como en cualquier otra área de la crianza, no hay un camino perfecto a la adaptabilidad. Ya he señalado que a ciertos tipos de personalidad les es más fácil manejar el estrés que a otros. Esto se complica más por el hecho de que la personalidad en sí es un tipo de adaptación. Es básicamente su método o estilo individual de interacción con el mundo que lo rodea y el filtro que usa para interpretar lo que ocurre en su interior y a su alrededor. Aunque los padres juegan un papel muy importante en darle forma al ambiente de la familia, ellos mismos también son moldeados y formados por él. Pero nada de esto debería entenderse como que estamos indefensos frente a los estreses que sufrimos como padres. Nada más sugiere que la adaptabilidad, al igual que cualquier otro aspecto de la crianza, es un arte y no una ciencia.

Hay cuatro estrategias que debe adoptar si quiere desarrollarse como un padre adaptable.

1. Tener una mentalidad flexible

La flexibilidad es la habilidad de ver las cosas desde múltiples perspectivas. Se trata de dejarle espacio al humor y a la imperfección en medio de las presiones y las decepciones de la vida diaria. Esto es natural para algunas personas. Para otras, no tanto. Pero es una habilidad que todos debemos cultivar si queremos sobrevivir y prosperar como padres en un mundo de adversidad e imprevistos.

La flexibilidad requiere una mente abierta y una disposición a profundizar. Esto es importante porque siempre hay más de una versión de cada historia y múltiples maneras de interpretar cualquier situación.

Digamos que usted descubre a su hijo mintiendo. Y solo para complicar las cosas, supongamos también que su hijo está siendo desafiante además de mentiroso. Lo más fácil —lo inflexible— sería enfocarse en la deshonestidad y la falta de respeto y declarar alguna clase de castigo de inmediato. Pero la flexibilidad —el estar abierto a ver las cosas desde varias perspectivas— podría llevarlo a abordar la situación de una forma muy distinta.

Por ejemplo, podría hacer algunas preguntas sobre las circunstancias que inspiraron la deshonestidad. ¿Qué podría haber visto, oído o interpretado su hijo, ya sea en usted o en alguien más, que podría haberlo influenciado a decir una mentira? ¿Está batallando con alguna emoción en particular —miedo, ansiedad, frustración o enojo— que podría haber jugado un papel en darle forma a su comportamiento? Si es así, ¿hay algo que pueda hacer usted para lidiar con esa emoción y llegar a la raíz del problema?

Si su hijo tiene miedo de decirle la verdad porque cree que eso resultará en un castigo, podría ser una buena idea preguntarle: «¿Decidiste mentir porque tienes miedo de que te castigue o de perder tu juguete? Tiene sentido que mintieras si es así como lo ves. No quieres meterte en problemas ni perder un juguete. Yo tampoco lo querría, pero quiero tener una relación muy buena contigo, y quiero que tengas una relación muy buena con otras personas, así que es muy importante que aprendas a ser sincero pase lo que pase. La deshonestidad

ACTIVIDAD

Ejercicio: Juego de rol familiar

He aquí una buena manera de ampliar su perspectiva y entender a los demás miembros de su familia. ¡También sirve para derribar barreras y generar muchas risas! La llamo el juego de rol familiar, y he aquí cómo funciona.

Reúna a toda su familia, y tomen turnos para cambiar de roles y pretender ser unos y otros de maneras exageradas. Sus metas son causar risa, crear conexión y obtener entendimiento los unos de los otros. Tenga en mente que los niños tienen que ser capaces de ser graciosos pero respetuosos, comprendiendo que el ejercicio tiene el propósito de ayudar a que la familia sea más unida. No debe ser una oportunidad para burlarse de algún miembro de la familia ni de señalar una falla de una manera malintencionada. Use el discernimiento si considera usar este ejercicio.

La clave del ejercicio es imaginar que el grupo completo está en alguna clase de situación interesante, inusual, graciosa o estresante. Por ejemplo, van de viaje, y el automóvil se acaba de descomponer en medio de la nada. Entonces actúe los pensamientos, los sentimientos y las reacciones del miembro de la familia que se le ha asignado interpretar tan fiel, precisa y respetuosamente como pueda. ¡Se sorprenderá al ver las interpretaciones de las demás personas de sus acciones y comportamiento! Cuando el juego de rol termine, conversen sobre lo que han visto y escuchado. ¡Esta será una buena oportunidad para una comunicación genuina y de corazón!

Esperábamos ir a nadar cuando mi hijo y mi hija decidieron iniciar el juego de rol familiar. Mi hija pretendió ser yo. Dejó muy claro que me encanta hacer preguntas. Dijo con seriedad en el tono y la mirada: «Está bien, chicos, díganme qué están pensado. ¿Cuáles son sus sueños? ¿Qué han estado sintiendo?». También decidió mostrar mi lado algo ansioso: «Chicos, desconecta y crea desconfianza. Si estás tratando de protegerte, ¿crees que hay una mejor manera de lograrlo que no sea mentir?».

Tenemos un par de lemas en nuestra casa. Siempre que tenga sentido hacerlo, nos preguntamos: «¿Hay alguna otra manera de ver esto?». Cuando enfrentamos dificultades, decimos: «Siempre hay una solución». Tener una mentalidad flexible marca una gran diferencia en cómo reaccionamos a lo que ocurre y en cómo manejamos las relaciones.

2. Tener en cuenta la visión global

El estrés y la miopía pueden ocasionar un círculo vicioso en nuestra vida. Por un lado, la miopía causa estrés. Eso se debe a que cuando nos concentramos demasiado en nuestros propios problemas, tendemos a desconectarnos del resto del mundo. Eso tiene el efecto de restringir nuestros horizontes, aumentar nuestra claustrofobia emocional y elevar nuestro sentido de impotencia.

Por otro lado, el estrés causa la

apúrense y terminen de comer para que podamos ir a nadar juntos». No puedo recordar todas las demás cosas que dijo en mi papel porque nos reímos tanto de las verdades que estábamos revelando relajadamente los unos de los otros. Nos la pasamos muy bien, y me dio un entendimiento útil sobre cómo me perciben mi esposa e hijos.

miopía. Eso se debe a que el estrés tiene el efecto de amplificar nuestras dificultades y hacer que parezcan más grandes de lo que son en realidad. Bajo su influencia, los problemas crecen al punto en el que ya no podemos ver más allá de ellos.

Una vez que se está en el círculo vicioso del estrés y la miopía, puede ser difícil escapar. Una de las mejores maneras de liberarse es trasladar nuestros pensamientos hacia la visión global. Ver la visión global significa cultivar nuestra habilidad de detenernos y considerar cómo estamos interpretando lo que está ocurriendo y, entonces, ver las cosas desde múltiples perspectivas. Esto requiere que pensemos más allá de nosotros mismos.

Considere la analogía de las ciudades y las autopistas. Las cosas se ven muy diferentes cuando uno mira el mapa de carreteras a cuando uno está en sí en cada ciudad o en una autopista. Visualícese dando un paso hacia atrás y viendo un mapa de las calles y las autopistas de las ciudades de su familia. ¿Qué quiere y espera de las ciudades y las calles de los demás? ¿Pasa demasiado en su ciudad? ¿Tiene que decirle que no a algunas cosas? ¿Qué puede hacer para recuperar la perspectiva? Sus hijos necesitan que sea su mentor a lo largo del camino. Muy poco de lo que los hijos hacen al portarse mal es personal hacia usted como padre. Los niños nada más están reaccionando a sus experiencias en la vida conforme aprenden a controlarse a sí mismos.

Ayuda presionar el botón de pausa por suficiente tiempo como para orientarse y desarrollar su plan de acción. Una vez le di consejería a una mamá que me dijo que ya estaba hastiada. «Es demasiado para mí —me explicó con un aspecto demacrado en su rostro—. Ya no me queda nada. Estoy vacía. Acabada. Ya no quiero ser mamá».

Conforme siguió visitando mi oficina de consejería, algo me quedó claro: esta madre no tenía botón de pausa alguno en su vida. Había olvidado cómo detenerse y observar. No sabía cómo decir que no ni cómo bajarse de la caminadora y descifrar cómo cuidar de sí misma. Como resultado, estaba abrumada por la vida diaria y, tristemente, distraída en lo emocional y lo mental cuando estaba con sus hijos.

Conforme hablamos, ella estuvo de acuerdo en que los botones de pausa eran cruciales y le ayudarían a descubrir qué hacer y a dónde ir mental y emocionalmente. Ella dibujó botones de «pausa» que colocó alrededor de su casa y en su auto como recordatorios, y fue capaz de usar estos momentos de pausa para observar lo que ocurría, adquirir perspectiva y considerar qué guía necesitaba su mente. Vio el beneficio de aprender cómo eran las ciudades de sus hijos y cómo construir autopistas de conexión con ellas. Esta mamá le dio prioridad a constantemente dedicarle tiempo a la oración, a una caminata rápida, a hacer estiramientos y a buscar tiempo para reír. Estas cosas le ayudaron a llenar su tanque emocional y, como resultado, ella pudo escuchar a sus hijos con más atención, responderles y ser más paciente con ellos. Dicho de otra manera, aprendió a crear paz en su mente cuando el mundo exterior era caótico.

Esta mamá se esforzó mucho por entenderse a sí misma y por entender a los demás. Por ejemplo, cuando su hija se comportaba mal, en lugar de nada más reaccionar, practicó

La pausa que renueva

El estrés a veces puede ser tan intenso que nos hace olvidar. Olvidamos citas, juntas, las llaves de la casa, dónde estacionamos nuestro auto... ¡de todo! Esto sugiere que uno de los desafíos más grandes en cuanto a «presionar el botón de pausa» es tan solo ¡recordar hacerlo! Cuando las cosas se ponen demasiado agitadas y tensas, este pequeño ejercicio le recordará detenerse y dar otro vistazo.

Lo único que necesita son notas adhesivas y un bolígrafo. En cada nota adhesiva, dibuje un círculo que represente un botón. Con letras grandes, escriba la palabra Pausa en el círculo. Entonces, ponga las notas en distintos lugares de su casa: el refrigerador, los espejos del baño, las puertas, los cajones, los gabinetes, la pantalla de la

observar qué podría estar pasando en la vida de su hija. Consideró qué podría estar contribuyendo a las decisiones de su hija. Miró a través de los ojos de su hija con compasión y asombro, y con la mente entró al mundo de su hija.

También aprendió a observar su propio caos interno cuando quería decir que sí pero lo mejor era decir que no. Se dio cuenta de que su mente había sido engañada a caer en las arenas movedizas de querer complacer a la gente. Se estaba agotando a sí misma al intentar ganarse el amor diciéndole que sí a todos y a todo lo que se le pedía, lo cual no era una manera sustentable ni saludable de buscar amor y aceptación.

Usó los momentos de pausa para visualizarse a sí misma y a sus hijos visitando las ciudades de cada uno y controlando las diversas autopistas que los conectaban entre sí. ¡No fue una tarea fácil! Aprendió que dependía de ella construir lo que se necesitaba en su ciudad y en las autopistas que conectaban su ciudad con otras ciudades. También pudo reconocer la importancia de las señales de alto en su ciudad y en las autopistas a otras ciudades. Esto es lo que significa tener en cuenta la visión global.

3. Tener una mentalidad de crecimiento

Hace algunos años, Carol Dweck publicó un libro esencial (*Mindset: La actitud del éxito*, Editorial Sirio) que describe dos mentalidades importantes: la mentalidad de crecimiento y la mentalidad fija. En su libro, ella da evidencia convincente de la importancia de tener una mentalidad de crecimiento e inculcarla en nuestros hijos. Tener una mentalidad de crecimiento incluye abandonar la búsqueda de la perfección. Implica tomar la decisión deliberada de dejar de enfocarse en ciertas cosas que lo bloquean y de trasladar su atención a otras cosas que permiten la posibilidad de progresar. Implica manejar la atención, practicar la paciencia y decidir conscientemente cuáles batallas pelear y a qué pensamientos permitirles dominar su mente. ¡Vaya que duele lo difícil que es!

A veces caigo en una mentalidad computadora... es decir, donde sea que usted y los miembros de su familia las verán. Avíseles a todos que pueden «presionar» uno de esos botones de «pausa» cuando sientan que el estrés o el caos está comenzando a tomar el control. Es una buena manera de estar conscientes de la necesidad de parar y reorientar su punto de vista de vez en cuando.

Debería versus podría

A menudo usamos la palabra debería en nuestra mente y en las conversaciones porque nos encantaría predecir o controlar el futuro, o a otras personas. Sin embargo, la palabra podría es mucho más liberadora. Por ejemplo, si piensa que unas vacaciones deberían ser de cierta forma, está atado a una expectativa en particular. Y si las vacaciones no cumplen con esa expectativa, está destinado a la decepción o al juicio. Por otro lado, si piensa en cómo podrían ser las vacaciones, se quita la presión y tiene libertad y flexibilidad. Está bien si las vacaciones no son perfectas o si son distintas a lo que había imaginado.

Un conflicto común, en especial para los papás, es la expectativa de que sus hijos o hijas deberían

más fija en momentos de estrés. Eso significa que creo que tengo, o no, la habilidad de tratar con el asunto en cuestión. Eso me impide ser capaz de ver soluciones creativas y de darme espacio para experimentar, cambiar y crecer. La mentalidad fija hace que uno mismo se perciba como estático e inmutable. La mentalidad fija atrofiará su crecimiento.

Por el contrario, la mentalidad de crecimiento ve la vida como una oportunidad interminable para el cambio y el crecimiento. Deja suficiente espacio para experimentar, fracasar, rehacer y reiniciar. En la mentalidad de crecimiento, la gracia hacia uno mismo y hacia los demás nos ayuda a adaptarnos a las imperfecciones humanas. La gracia inherente en una mentalidad de crecimiento también le ayuda a mantener la perspectiva de que criar hijos es un viaje de altibajos.

Soltar el ideal y desplazarse hacia el crecimiento como hijo de Dios es liberador. Dios les da tanto a los padres como a los hijos muchas oportunidades para crecer. Nunca dijo que los padres comenzarían con todas las habilidades necesarias para ser padres perfectos. Constantemente dice que confiemos en él y nos conectemos con él a lo largo del camino.

Considere a José (vea Mateo 1:18-25) y a María (vea Lucas 1:26-38) cuando recibieron la noticia inesperada de que María, una virgen, concebiría por milagro y daría a luz al Salvador del mundo. Ambos hicieron lo que el ángel del Señor les ordenó y vieron el momento con los lentes de un contribuidor. De hecho, «María respondió: "Soy la sierva del Señor. Que se cumpla todo lo que has dicho acerca de mí"» (Lucas 1:38). Ni en sus sueños más increíbles hubieran visualizado que eso era lo que Dios tenía para ellos. Ambos, sin duda, tenían ideas mucho más convencionales en cuanto a su futuro juntos como esposo y esposa. Sin embargo, dejaron atrás sus ideas de cómo debían ser las cosas, y fueron obedientes a lo que Dios estaba

desempeñarse bien en un deporte. Sustituirla por la palabra *podrían* es revolucionario para algunos padres. Les da la libertad de amar a su hijo o hija sin importar cómo se desempeñe. La palabra podría les permite a los padres soltar lo que no pueden controlar.

diciendo. Eso requirió una relación íntima e intencionada con Dios. Su relación con Dios les proveyó el discernimiento, la aceptación y la paciencia que necesitaban para adaptarse a las incertidumbres y los desafíos que enfrentaron. María y José soltaron la creencia de que la vida sería fácil y no tendría inconvenientes, incomodidades o desafíos. Esa mentalidad abierta, orientada al crecimiento y fundamentada en la confianza en Dios los ayudó a adaptarse a la vida asombrosa que Dios tenía planeada para ellos.

4. Aprender y adaptarse

El último ingrediente esencial de la adaptabilidad es la disposición a aprender y a adaptar su crianza a través del proceso. La crianza es un desafío porque los hijos no vienen con un manual de instrucciones. Los padres deben adaptar sus estrategias utilizando el conocimiento que obtienen a lo largo del camino y la sabiduría que obtienen de lo que Dios está haciendo en ellos y en sus hijos. Los padres aprenden sobre sus propias personalidades, sobre las personalidades de sus hijos y sobre los detonantes específicos que tienden a resaltar los aspectos positivos y negativos de su personalidad y crianza.

En la crianza, usted está formando a otro ser humano al mismo tiempo que usted se va formando de manera significativa a lo largo del camino. Hay momentos de crecimiento tanto para usted como para sus hijos. El desafío supremo es que ¡nadie en la tierra ha criado antes a *su* hijo! Hay estanterías llenas de libros excelentes sobre la crianza, escritos por eminentes expertos en la crianza, pero ninguno de ellos es lo suficientemente específico para hablarle directamente sobre el diseño especial y específico de su hijo o hija. En cierto sentido, los desafíos particulares que usted está enfrentando son únicos en la historia del mundo.

Hay tan solo una forma de enfrentar esos desafíos con eficacia. Tiene que dominar su mente y permanecer en el juego, incluso cuando las cosas no van bien. Manténgase cerca de su hijo hasta que descubra qué lo motiva y qué lo lleva al aprendizaje y al crecimiento. Estudie a su hijo hasta que vea surgir patrones. Si durante el proceso a veces le dan ganas de salir corriendo, de gritar o de tirar la toalla, recuerde que los giros de la vida son los que nos mantienen alerta. El tiempo, el escuchar y la relación son los ingredientes claves para aprender y adaptarse.

Acepte sus propias imperfecciones y véalas como oportunidades inevitables para el crecimiento. Apóyese en el Señor para tener fortaleza y entendimiento. Tome notas conforme progresa y aprende de sus errores. Si lo hace, no solo tendrá éxito en su tarea, sino que yo predigo que también establecerá la clase de ejemplo personal que les permitirá a sus hijos crecer en lo espiritual. Lo único que tiene que hacer es presentarse con su ser imperfecto y ofrecer todo lo mejor que su ser imperfecto puede dar. Usted es, después de todo, el mejor candidato para la tarea.

CONSEJOS PRÁCTICOS PARA MANEJAR EL ESTRÉS

Ahora que entiende los cuatro ingredientes claves de la adaptabilidad, podemos terminar este capítulo con unos cuantos pensamientos sobre cómo manejar el estrés de manera sencilla. Como le dije al inicio del capítulo, el estrés es un hecho para todos nosotros en cada etapa de nuestra existencia terrenal, pero lo es en especial durante los años de la crianza. Ninguno de nosotros puede escapar de él, pero todos podemos comenzar a poner en práctica algunas estrategias básicas para ayudarnos a manejarlo con más eficacia.

Tenga en mente este principio fundamental: las situaciones no causan el estrés; las percepciones sí. Sé que ya he mencionado esta idea, pero creo que vale la pena reiterarla aquí. El estrés es autogenerado. No es la fuga en su radiador ni las calificaciones de su hijo lo que lo lleva al límite. Es su percepción de lo que significa una reparación mayor del auto o una calificación baja lo que hace que el estrés aumente.

De manera similar, no es necesariamente su horario sobrecargado lo que lo agota. Después de todo, algunas personas parecen prosperar cuando su calendario está al límite. Más bien, el agotamiento puede surgir de su percepción de que debería reaccionar a su horario de cierta manera («¡Cielos! ¿Cuándo podré descansar un poco?»). Es el *debería* lo que crea el estrés.

Puede aliviar algo de estrés haciendo un esfuerzo por ver la situación desde otro ángulo. Por ejemplo, si supone que es su responsabilidad como padre asegurar que su hijo esté feliz todo el tiempo, reaccionará con estrés cada vez que sospeche que su hijo está infeliz. Si cambia su perspectiva y se recuerda a sí mismo que no está a cargo de la felicidad de su hijo, puede deshacerse de esa carga con mucha facilidad. Nada más se trata de alterar su punto de vista.

El menú del estrés

Dibuje una secuencia del estrés del 0 al 10 para sí mismo. Cero es no tener nada de estrés. Podría describirlo como estar en paz, acostado en una hamaca en una playa sin exigencia alguna. Diez es tener un gran estrés catastrófico. Agréguele los números del 1 al 9 a la secuencia y marque cada número con una palabra que describa algo que a usted le parece estresante. Estos inductores del estrés deben escalar de manera progresiva desde la hamaca hasta el desastre.

Después, haga una lista de cosas que podría hacer para cuidarse a sí mismo en un tiempo de estrés. Puede hacer una lista de cosas que no requerirán mucho tiempo ni esfuerzo y una lista de cosas que requerirán más tiempo y esfuerzo. Siga agregándole al menú según se le ocurran cosas nuevas. Puede acudir a este menú del estrés cuando observe que su nivel de estrés va en aumento.

Pueden hacer este ejercicio como familia para aprender los niveles y los inductores del estrés de cada uno, así como qué le es útil a cada uno para bajar su nivel de estrés. Anímense los unos a los otros a usar la lista de actividades de cuidado propio. Es difícil recordar usar los reductores del estrés saludables cuando estamos bajo estrés. Es como si entráramos al modo de supervivencia automática.

También puede ser útil entender que las emociones nos ayudan a experimentar momentos, y no necesariamente son malas. Por ejemplo, la tristeza nos ayuda a llorar y nos muestra que algo se perdió. La ira nos ayuda a entender lo que nos disgusta. Las emociones le dan sentido al contexto de nuestra situación y a nuestros pensamientos.

Hay al menos cuatro cosas que puede hacer para prepararse cuando sabe que la vida está a punto de atacarlo con una descarga de demandas que tienen el potencial de producirle estrés.

Orar

Cuando las circunstancias familiares parecen ser abrumadoras y su mente está hecha un caos, la oración es el botón de reinicio indispensable del creyente. Es la mejor manera de regresar a lo básico y captar de nuevo la visión global. La oración me ha ayudado a recordar que la oportunidad de influenciar como padre a mis hijos es breve y que tengo que hacer que cada día cuente.

Dormir

El sueño constante y adecuado es un ingrediente esencial para tener éxito como padre y para manejar el estrés. La privación de sueño es muy común entre los padres. Un estudio reciente sugiere que el sueño MOR (movimientos oculares rápidos) está asociado con la flexibilidad mental y con una mayor capacidad para ser creativo y resolver problemas[2]. Nuestro cerebro necesita dormir para prepararse para el día siguiente. La forma en la que me encanta ilustrar la necesidad de dormir es imaginar cada día como una reunión divertida. Mi cerebro necesita tiempo para limpiar lo de la reunión divertida de hoy y organizarse y prepararse para la reunión del día siguiente. Si no le doy tiempo suficiente a mi cerebro, por medio del sueño, para limpiar, organizar y prepararse, el evento será un desastre al día siguiente.

Moderarse

Use sabiduría y moderación en su consumo. Hay una relación fuerte entre el cerebro y lo que consumimos en lo físico (comida), lo emocional (en nuestras relaciones) y lo mental (entretenimiento, tecnología, noticias). Esto significa que lo que consumimos es vital no solo para nuestra salud física, sino también para la buena salud emocional y mental. Colocar salvaguardas en estas áreas de su vida puede darle la salud que necesita para reaccionar bien al estrés. ¿Qué consume física, mental, relacional, emocional y espiritualmente?

Ejercitarse

El ejercicio ayuda a mantener las funciones de su cerebro, su sistema nervioso, su tracto digestivo, y su corazón y vasos sanguíneos. Puedo decirle por mis años como consejero que los padres que le dedicaban tiempo a hacer ejercicio estaban menos estresados, eran más dedicados y más seguros y, por lo general, tenían una mente más abierta y sabia para la crianza. El ejercicio también es una excelente manera de ayudarle a su mente a soltar ciertas cosas y permitir una liberación útil de endorfinas para su cerebro.

CONFÍE. DIOS ESTÁ CON NOSOTROS.

Dios ha prometido estar a nuestro lado y darnos la fortaleza y la sabiduría que necesitamos conforme enfrentamos con valentía las dificultades y las incertidumbres de criar hijos y vivir la vida en este mundo.

Permita que estos pasajes alentadores se arraiguen en su mente mientras considera cómo puede dominar su mente y adaptarse a las circunstancias siempre cambiantes al criar hijos.

¡Tú guardarás en perfecta paz a todos los que confían en ti, a todos los que concentran en ti sus pensamientos! (Isaías 26:3)

Les he dicho todo lo anterior para que en mí tengan paz. Aquí en el mundo tendrán muchas pruebas y tristezas; pero anímense, porque yo he vencido al mundo. (Juan 16:33)

Y que la paz que viene de Cristo gobierne en sus corazones. Pues, como miembros de un mismo cuerpo, ustedes son llamados a vivir en paz. Y sean siempre agradecidos.(Colosenses 3:15)

LA ADAPTABILIDAD

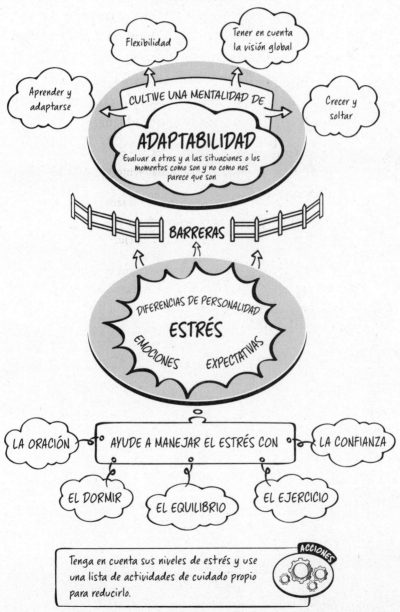

Flexibilidad

Tener en cuenta la visión global

Aprender y adaptarse

CULTIVE UNA MENTALIDAD DE

ADAPTABILIDAD

Evaluar a otros y a las situaciones o los momentos como son y no como nos parece que son

Crecer y soltar

BARRERAS

DIFERENCIAS DE PERSONALIDAD

ESTRÉS

EMOCIONES

EXPECTATIVAS

LA ORACIÓN — AYUDE A MANEJAR EL ESTRÉS CON — LA CONFIANZA

EL DORMIR

EL EQUILIBRIO

EL EJERCICIO

ACCIONES

Tenga en cuenta sus niveles de estrés y use una lista de actividades de cuidado propio para reducirlo.

CAPÍTULO 3

EL RESPETO

El respeto comienza con esta actitud:
reconozco que eres una criatura de sumo valor.

—GARY CHAPMAN

Respeten a todos y amen a la familia de creyentes.
Teman a Dios y respeten al rey.

—1 PEDRO 2:17

EN UN TORNEO DE BALONCESTO, mi hijo y otros seis niños que yo entrenaba estaban jugando en contra de un equipo contra el que habíamos jugado antes, y unos cuantos de los chicos mencionaron su molestia y frustración hacia un jugador del equipo opuesto.

Yo entendía su punto de vista. Aquel chico era un buen jugador de baloncesto, pero también era arrogante, manipulador y argumentativo. Les decía cosas a los jugadores de nuestro equipo en voz baja y luego les sonreía a los árbitros y trataba de bromear con ellos. Les hacía cosas a nuestros jugadores cuando los árbitros no estaban mirando.

Su respeto era condicional. Respetaba al que podía darle lo que él quería. Conforme el juego progresaba y el marcador se emparejaba, comenzó a quejarse y a discutir con los árbitros, con su entrenador, con sus compañeros y con los jugadores de mi equipo. Mientras tanto, en las gradas, una pareja casada, junto con su hija adulta y su novio o esposo, le lanzaron un asalto verbal a un árbitro en particular, el cual se intensificó a lo largo del juego.

Por fin, en el último cuarto, el árbitro detuvo el partido. El papá y la mamá entraron furiosos al campo y se pararon frente al árbitro, gritándole obscenidades para que todos los oyeran. El director del torneo se acercó y les dijo que tenían que salir del gimnasio o llamaría a la policía. Ellos siguieron con su intenso berrinche frente a todos los jugadores.

Cuando los padres por fin comenzaron a caminar hacia la puerta, su hija y el joven que la acompañaba se acercaron al árbitro y comenzaron a gritarle. Mi hijo y sus compañeros se veían asustados y confundidos. Al final, el director del torneo tuvo que llamar a la policía, la cual se encontró con los miembros de la familia alborotadora en la puerta cuando por fin salieron del edificio. El juego se detuvo por varios minutos durante el arrebato.

Adivine de quién eran los padres que hicieron semejante escena. Era la familia del chico del que mis jugadores se habían quejado durante el juego. El chico nada más estaba reflejando la actitud irrespetuosa y el comportamiento que había aprendido de su familia. Sí, él era responsable de su propio comportamiento, pero lo que observamos en su familia explicaba mucho sobre su comportamiento.

Respetar a los demás significa ver el valor de las personas y tratarlas según ese valor. Sin embargo, en los deportes, la escuela y en otras actividades que implican desempeño o estrés, muy pronto podemos quedarnos atrapados en perseguir nuestros propios objetivos y olvidarnos de respetar activamente a los demás con nuestras palabras y acciones.

CON RESPETO

Nuestro compromiso de respetar a otros es puesto a prueba a diario. Considere al lento cajero en el supermercado, a quien parece no importarle que usted tiene prisa, o el empleado del restaurante, que parece no entender bien su pedido. ¿Qué dice usted de esas personas? ¿Cómo revelan sus acciones su actitud hacia ellos? Sus hijos siempre están observando y aprendiendo de sus palabras y sus acciones. Para ellos, es la pauta de cómo tratar a los demás. ¿Qué palabras, acciones y actitudes suyas podrían ellos reflejar en su trato a los demás?

La Palabra de Dios tiene mucho que decir sobre el respeto. Génesis 1:27 establece la fundación del respeto al señalar que cada persona está hecha a la imagen de Dios. En Filipenses 2:1-8, el apóstol Pablo da un minitutorial sobre el respeto. Su énfasis principal está en la humildad, que es el ingrediente clave del respeto.

Para los propósitos de este libro, vamos a enfocarnos en cinco áreas en las que el respeto se puede cultivar y demostrar: lo que pensamos, hacia dónde miramos, cómo prestamos atención y escuchamos, lo que decimos y lo que hacemos.

LO QUE PENSAMOS

La persona promedio tiene unos cincuenta mil pensamientos al día. ¿A dónde se van todos? Mis pensamientos pueden irse en toda clase de direcciones, dependiendo de mis emociones, mi nivel de estrés, mis intereses y varios factores más. Mi habilidad para dirigir deliberadamente las decenas de miles de pensamientos que pasan por mi cerebro a diario me será muy útil al desarrollar un respeto por los demás que honre a Dios. En 2 Corintios 10:5 se nos dice que capturemos cada pensamiento para hacerlo obediente a Cristo. Filipenses 4:4-9 nos da algunas pautas sumamente útiles para nuestros pensamientos:

Estén siempre llenos de alegría en el Señor. Lo repito, ¡alégrense! Que todo el mundo vea que son considerados en todo lo que hacen. Recuerden que el Señor vuelve pronto. No se preocupen por nada; en cambio, oren por todo. Díganle a Dios lo que necesitan y denle gracias por todo lo que él ha hecho. Así experimentarán la paz de Dios que supera todo lo que podemos entender. La paz de Dios cuidará su corazón y su mente mientras vivan en Cristo Jesús. Y ahora, amados hermanos, una cosa más para terminar. Concéntrense en todo lo que es verdadero, todo lo honorable, todo lo justo, todo lo puro, todo lo bello y todo lo admirable. Piensen en cosas excelentes y dignas de alabanza. No dejen de poner en práctica todo lo que aprendieron y recibieron de mí, todo lo que oyeron de mis labios y vieron que hice. Entonces el Dios de paz estará con ustedes.

En una ocasión, escribí Filipenses 4:8 en una tarjeta como un patrón para guiar mis pensamientos sobre mi esposa. Fue un excelente ejercicio que adopté durante una época en la que mi esposa y yo íbamos a consejería matrimonial. Ayudó a entrenar mi atención hacia las cosas bellas, admirables, puras, honorables, justas y verdaderas de mi esposa. Los estudios apoyan el hecho de que la calidad de la relación de los padres tiene un impacto directo en los comportamientos y las emociones de los hijos[1]. Mientras más positiva sea la relación matrimonial, más positivos serán el desarrollo y el comportamiento del niño. Dicho de otra manera, la forma en que trato a mi esposa tendrá una influencia directa en mis hijos. Mis niños están viendo y aprendiendo, ya sea que escriban notas o no. Comienzan a reflejar lo que ven.

La analogía de la construcción de la ciudad y las calles es útil para visualizar el respeto. Cuando las dos metrópolis (los padres) están prosperando, las ciudades más pequeñas que las rodean (los hijos) prosperan. Estaba en un viaje misionero de baloncesto en Guatemala cuando

Las neuronas espejo

Mientras los niños van creciendo, hacen, dicen, sienten y piensan lo que ven que los demás hacen, dicen, sienten y piensan. Este comportamiento reflejo es una estrategia que usa nuestro cerebro, con la ayuda de la red de neuronas espejo, para ayudarnos a aprender, a desarrollarnos y a conectarnos con los demás.

La red de neuronas espejo nos permite experimentar lo que otra persona está experimentando. Ayuda a fomentar la empatía. Por ejemplo, si un niño ve que a alguien lo abrazan, su cerebro envía señales similares a las que enviaría si él también estuviera siendo abrazado. Si los niños ven videos de otras personas haciendo tiros libres, su cerebro ensaya lo que ve. Es como si el cerebro estuviera experimentando lo que ve, así que la persona en realidad está procesando en su mente lo que ve. Esto, inevitablemente, afecta el comportamiento humano.

¿Ha llegado a observar a su hijo o hija haciendo algo que usted, su cónyuge o su hermano o hermana hacen? ¿Se ha dado cuenta que usted mismo hace algo que su mamá, su papá, sus hermanos u otras personas influyentes en su vida han hecho? Mientras que esto puede ser bueno cuando la persona está expuesta a influencias positivas, puede ser desconcertante cuando la persona está expuesta a influencias negativas, como el lenguaje o el comportamiento sexual, violento, vulgar o insolente. He conocido a varios padres avergonzados, cuyos hijos pequeños han reflejado el lenguaje ofensivo que han escuchado de sus padres en el hogar.

Lo que usted ve en nuestro entrenador comenzó a compartir cómo su matrimonio casi terminó después de dos años. El entrenador recordó una mentalidad que un mentor le dijo que adoptara. Esta mentalidad transformó su matrimonio. Dijo que había adoptado la pregunta: «¿Qué puedo hacer hoy por mi esposa para hacer que su día mejore?». Él se desafió a sí mismo a hacer algo por su esposa, grande o pequeño, para ayudarla a saber que le importa a él.

Este entrenador nos modeló lo importante que es la relación del matrimonio y mantener las autopistas emocionales y relacionales entre las dos metrópolis. A medida que las dos ciudades grandes (los padres) se preocupan la una por la otra, se escuchan y se sirven entre sí, construyen calles y puentes más fuertes que ayudan a lidiar con los momentos difíciles. Cuando hay falta de respeto, conflicto y desconexión entre las dos ciudades más grandes, las ciudades más pequeñas pueden experimentar obstáculos en sus conexiones dentro de la familia. Esto puede afectar negativamente el crecimiento y desarrollo de las ciudades más pequeñas.

A menudo, los hijos llegan a ser el centro de atención de la vida de los padres, y los padres descuidan el mantenimiento de las autopistas y los puentes entre ellos dos. Los hijos de estos hogares centrados en los niños no obtienen el beneficio de aprender cómo:

- Responder a la decepción
- Responder a la palabra *no*
- Manejar los sentimientos impacientes
- Respetar y entender los límites
- Trabajar hacia objetivos con autodisciplina
- Mantener relaciones
- Servir a otros
- Entender y respetar las ideas, los deseos y los pensamientos de otros

Los hijos de los hogares centrados en los niños desarrollan hábitos de pensamiento y comportamiento que los llevan a ser egocéntricos y caóticos. No desarrollan una interdependencia saludable.

sus hijos, tanto lo bueno como lo malo, también tiene vestigios de usted. Tome esto como una oportunidad para la gracia y el crecimiento.

Las neuronas espejo tienen toda clase de implicaciones cuando usted considera los mensajes que los niños reciben de la música, los videos, los compañeros y la cultura. Nuestros niños en verdad están observando y aprendiendo.

Además de mantener su relación el uno con el otro, hay unas cuantas cosas básicas que los padres pueden hacer para fomentar el respeto de una forma en la que todos los miembros de la familia se tengan en cuenta los unos a los otros.

Recordar

Recordar y estar presentes para los eventos y las fechas importantes de la vida de nuestros hijos es una forma esencial de mostrar respeto. Ser recordado se siente como ser conocido, ser reconocido y ser valorado. Insisto, se trata de manejar y entrenar los muchos pensamientos que circulan en su mente. Estar al tanto de los eventos y las fechas en la vida de otras personas no es fácil, pero el esfuerzo vale la pena. Los eventos y las fechas importantes se pueden escribir en notas adhesivas, calendarios, diarios, cuadernos, computadoras o teléfonos inteligentes. La gente se siente valorada y respetada cuando se saben y se recuerdan los aspectos de su vida.

Estar presentes

Nuestros hijos se dan cuenta cuando estamos distraídos, y eso hace que sientan que no son importantes. Tomarse el tiempo para hacer una pausa en sus propios pensamientos y adentrarse en el mundo de sus hijos les muestra que usted los considera muy valiosos e importantes.

Cuando mi hija era pequeña, pensaba que yo podía leer su mente. Yo le decía:

—Déjame mirar en lo profundo de tus ojos.

Y ella solo se me quedaba viendo y preguntaba:

—¿Qué ves?

Entonces yo decía:

—Puedo ver que tú quieres... —o—: Creo que en realidad quieres...

El hecho es que yo trataba de encontrarle sentido a lo que ocurría en su mundo mental en ese momento dado. ¿Qué estaba viendo? Y ¿qué podría querer en verdad? Yo pensaba en lo que había estado diciendo y le prestaba atención al contexto de lo que estaba pasando en su vida para «leer su mente» y completar la oración. A ella le encantaba que yo en realidad me esforzara por saber qué había en su mente.

Estar presentes en el momento y prestarles verdadera atención a nuestros hijos importa mucho. Imagino el presente como un verdadero *presente*, un regalo. Pero si el regalo no se abre y se experimenta, se pierde para siempre. Estos momentos son tan transitorios y, aun así, su influencia es profunda y eterna. ¿A qué le presto atención?

Renovar la mente

Recuerde que el respeto comienza en la mente. Nuestras emociones, las cuales comienzan en la mente, con rapidez pueden sacarnos del camino. Nuestras emociones pueden cambiar cómo interpretamos los acontecimientos y cómo entendemos a los demás. ¿Cuál es su actitud hacia los demás? ¿Ve a los demás como valiosos simplemente porque fueron hechos a la imagen de Dios? Cuando estamos frustrados y molestos con otros, podemos tender a olvidar su valor y verlos con una mentalidad de falta de respeto. Allí es cuando necesitamos renovar nuestra mente.

Romanos 12:2 dice: «No imiten las conductas ni las costumbres de este mundo, más bien dejen que Dios los transforme en personas nuevas al cambiarles la manera de pensar. Entonces aprenderán a conocer la voluntad de Dios para ustedes, la cual es buena, agradable y perfecta». Es esencial que renovemos nuestra mente en preparación para enseñar, discipular, guiar y orientar a nuestros hijos. No solo nos ayudará a ser mejores en nuestra crianza, sino que también es una oportunidad para modelar esa importante práctica bíblica para nuestros hijos.

La oración es como una llovizna para la mente, y la Palabra de Dios es como agua para la mente en un día sediento. Descanse, apártese y renuévese a través de la oración y las Escrituras para que su mente esté lista para responder (en lugar de reaccionar) a las muchas vicisitudes que los hijos pueden traer a su vida. Me he dado cuenta de que cuando estoy cansado y estresado y no he tenido mucho tiempo para orar o renovar mi mente con la Palabra de Dios, mi mente acaba caótica, distraída e impaciente mucho más rápido.

HACIA DÓNDE MIRAMOS

Una forma básica de mostrar respeto es mirar a la persona cuando está hablando. Eso no garantiza que nuestra atención esté dirigida a la persona, pero aumenta las probabilidades. Centrar el foco de nuestra mirada en alguien nos ayuda a enfocar también nuestra atención.

Investigadores del Instituto Tecnológico de Massachusetts[2], así como otros investigadores[3], han descubierto que el procesamiento visual es nuestra contribución sensorial más poderosa. De hecho, alrededor del 50 por ciento de la red de procesamiento sensorial del cerebro está dedicada al sistema sensorial visual. Lo que miramos nos afecta en gran manera. Nuestros hijos aprenden mucho a través de lo que nosotros decidimos mirar. Nuestros ojos no tardan en revelar lo que nos llama la atención, lo que valoramos y lo que buscamos. Podemos modelar el respeto en cómo miramos los comerciales, la tecnología, las carteleras y los estantes de revistas, y en cómo miramos a las personas. A dondequiera que vayan sus ojos, su cuerpo y su reacción siguen.

Nunca olvidaré cuando asistí a una conferencia en la que enseñaba Gary Thomas. Dijo que cuando entra a una habitación, se pregunta si sus ojos están atacando a otros o llevando el amor de Jesús.

Como padres, hacia dónde miramos y cómo miramos puede darles una instrucción tremenda a nuestros hijos sobre el respeto, y puede comunicar lo que nos importa de verdad.

Veo a muchos padres distraídos, en especial dado el desarrollo de la tecnología. No hace mucho, en un supermercado, vi a una mamá que tenía a sus dos hijos pequeños con ella. Una de sus hijas le estaba haciendo muchas preguntas mientras la mamá tecleaba en su teléfono. Cuando la niña comenzó a preguntar sobre un cactus, la mamá trató de explicar sin entusiasmo. Sin embargo, su atención estaba dividida en varias direcciones, así que no fue capaz de explicarlo de una manera que tuviera sentido. Daba pena verla. Quedaba claro que su cerebro estaba siendo tironeado en varias direcciones y que ella estaba cansada.

INFO

A dónde apuntamos con nuestros ojos

Otro aspecto de hacia dónde miramos tiene que ver con el respeto sexual. Las Escrituras nos dicen que Job hizo un pacto con sus ojos. Nuestros hijos aprenden mucho de nosotros por dónde ponemos la mirada. ¿Qué capta nuestra atención? ¿En qué decidimos enfocarnos?

Cuando mi hijo tenía ocho años, caminábamos en el centro comercial. Cuando nos acercábamos a Victoria's Secret, le dije: «Hijo, miremos a la derecha. Hay algunas fotos de las que quiero que aprendas a retirar tu vista porque no te son útiles al volverte un hombre. Quiero que aprendas a controlar tus ojos». Como lo sospeché, él les echó un vistazo rápido a las fotos. Me di cuenta de que lo hizo, así que

Esta hija pequeña usó varias estrategias distintas para obtener la atención de su madre. Sin duda anhelaba ser el foco de atención. Quería sentirse importante para su madre. Estaba expresando peticiones por atención al insistir y decir: «Mami, mami» repetidas veces y al hacer la misma pregunta una y otra vez. La mamá, sin embargo, estaba distraída con su teléfono. Los teléfonos ofrecen distracciones increíblemente tentadoras del momento presente. Múltiples conversaciones pueden tener lugar sin que la gente esté presente físicamente. Para un adulto, esta es una gran manera de atender con eficacia varios asuntos a la vez. Sin embargo, lo que los niños pueden interpretar es que a sus padres les interesan más sus teléfonos que sus hijos. ¡Ay!

Los niños expresan peticiones frecuentes de la atención de sus padres cuando son pequeños, pero, con el tiempo, esa situación se invierte. Los padres son los que expresan peticiones frecuentes para obtener la atención de sus hijos mayores.

Se nos entrena para la multitarea y para la multicomunicación teniendo un teléfono adondequiera que vayamos, pero sacrificamos la atención enfocada y la profundidad de la experiencia. Llegamos a mantener conversaciones en lugar de involucrarnos en conversaciones.

Hay una multitud de cosas que pueden robarles a los hijos la atención de un padre. ¿Cómo pueden sus hijos obtener toda su atención?

A lo largo de los años que he sido consejero de familias, he observado el beneficio significativo de una hora designada para que las familias se den su atención completa. Mucho se puede aprender y lograr en una hora cuando la atención se enfoca en la dinámica de la familia y se escuchan los unos a los otros.

CÓMO PRESTAMOS ATENCIÓN Y ESCUCHAMOS

Les mostramos respeto a los demás cuando les prestamos atención y los escuchamos. Sin embargo, la atención tiene un costo. Cuando elijo

después de que pasamos por el área le pregunté qué sintió cuando miró.

Mi hijo dijo que sintió «hormigueos». Le dije que era normal y que las fotos son tentadoras y están diseñadas para captar nuestra atención. «Están tratando de vender algo —le dije—. En este caso, ropa interior». Hablamos de proteger sus ojos como una manera de respetar a su futura esposa. En mi práctica de consejería, es evidente en mi trabajo con los varones que entrenar a los ojos hacia dónde y cómo mirar requiere mucho esfuerzo e intención. Nunca es demasiado temprano para comenzar a enseñar esta lección.

prestarle atención a algo o a alguien, elijo no prestarle atención a otras cosas o personas porque la verdad es que no podemos enfocar nuestra atención en más de una cosa a la vez.

La atención requiere esfuerzo. Es por eso que cuando estamos cansados o estresados, se nos hace más difícil enfocar nuestra atención. Las teorías sugieren que la fuerza de voluntad puede llegar a agotarse a lo largo del día, lo cual puede dificultarnos desviar nuestra atención hacia establecer límites para nosotros mismos o para los demás. Creo que se requiere consciencia propia, práctica y madurez para aprender a manejar la fuerza de voluntad que se agota[4].

La atención lo abarca todo. Mis hijos se sienten importantes cuando saben que mi mente, mis ojos, mis oídos, mis manos y mi boca están «comprometidos» en la conversación que tengo con ellos. ¡Esto es difícil! Muchas cosas tienden a pasar por mi mente en un momento dado.

Los hijos desean nuestra atención genuina y no una atención aplacadora o indiferente. He visto a niños iluminarse cuando se enfoca en ellos por completo la mirada apasionada de sus padres, queriendo conectarse. Pero los niños están muy conscientes cuando el foco de los padres está tenue, apresurado o errante. Los hijos deciden no compartir tanto en la conversación como lo hubieran hecho si el foco de atención de sus padres hubiera estado brillante y centrado.

En cualquier relación, la atención y el respeto fluyen de un lado a otro entre ambas partes. Una ilustración que me gusta usar con las familias que aconsejo es los «trenes de pensamiento». Todos tienen un tren de pensamiento en movimiento, y a veces los trenes chocan. Desafortunadamente, cabe tan solo un tren a la vez en las vías entre su ciudad y la ciudad de su hijo. Los niños a menudo no pueden ver que el tren del padre va a toda velocidad y atropellará cualquier cosa que esté a lo largo del camino. En las familias, los trenes de pensamiento tienen que tomar turnos en las vías.

Cuando tengo lapsos de atención con mis hijos porque mi tren va demasiado rápido en la vía, mis hijos tienen la oportunidad de respetarme al mostrarme gracia. Entonces yo tengo la oportunidad de mostrarles respeto al llevar mi tren a la estación y dejar que su tren de pensamiento tenga acceso a la vía.

No hace mucho, les pregunté a mis hijos cómo me calificarían como escuchador en una escala del 1 al 10, 10 siendo perfecto en escuchar y 1 ausente por completo. Ambos hijos me dijeron que saco 8, lo cual muestra que tienen mucha gracia. Ha habido muchas veces en las que mi mente ha estado distraída cuando yo trataba de escuchar. Estoy casi seguro de que saqué un 8 porque pueden ver que me esfuerzo mucho por escucharlos y que quiero conocerlos de verdad.

Escuchar muestra que una persona se interesa y, como mis hijos me lo demuestran muy a menudo, la gracia que se da cuando alguien no escucha también muestra que la persona se interesa. Tengo que confesar que me han descubierto cuando no escucho a mis hijos, y sé que a usted también. Odio admitirlo, pero, en ciertas ocasiones, tampoco he escuchado bien como esposo, amigo o consejero. También he estado al otro lado de no ser escuchado en muchas, muchas ocasiones. ¿Ha estado hablando con alguien en algún momento y ha tenido que comenzar otra vez? O ¿se ha dado cuenta de que la persona ignoró por completo lo que le dijo o no parecía estar interesada en lo que usted tenía que decir? ¡No se siente bien en lo más mínimo! Usted no siente que le importe a la otra persona.

No hace mucho, recogí a mi hija de la escuela. Me di cuenta de que estaba emocionada desde el momento en que se subió al auto. Ella se sienta justo detrás de mí en el auto, así que yo la puedo ver por el retrovisor. Estaba sonriente y lista para inundarme de palabras.

—¿Qué tal estuvo tu día? —le pregunté.

¡Esa pregunta común abrió las compuertas verbales! El problema fue que mi cerebro no estaba listo para la inundación. Seguía intentado resolver otro asunto en mi mente.

Mi hija terminó y esperó una respuesta de mi parte. Yo estaba tratando de procesar sus últimas palabras para decir algo. Lo que fuera. (Venga, sé que usted también ha sido culpable de eso). Ella sabía que, a lo mucho, yo la había escuchado a medias.

Pude ver la decepción y la frustración en su rostro.

—Lo siento —le dije—. Mi tren de pensamiento no estaba listo para tu tren de pensamiento.

—¿Qué? —ella dijo con una risa leve y nerviosa—. ¡No puedo creer que no me escuchaste! —No estaba enojada. Estaba herida. No se sentía valorada por mí.

Yo contesté:

—Me perdí por completo tu emocionante tren. El mío tiene cosas de negocios, y el tuyo tenía cosas mucho más emocionantes. Quisiera haberme pasado de un salto del mío

TRENES DE PENSAMIENTO

ESTACIÓN DE TREN

a tu divertido tren de pensamiento. ¿Podemos intentarlo de nuevo? Estoy en la estación del tren, esperando que tu tren me recoja. Acabo de comprar un boleto y estoy listo para irme. ¿Cuándo crees que regresará tu tren a recogerme?

Ella se rio. Pudimos usar el humor y la imaginación para reconectarnos. Ella pudo perdonarme y darme otra oportunidad para experimentar su tren de pensamiento.

Era claro que mi hija había sentido que le falté al respeto. También sintió que no me importaba en ese momento, lo cual no era cierto. Solo estaba distraído con mis propios pensamientos. El aprendizaje importante de esta historia es la necesidad de reconocer con respeto cuando pudo haber escuchado y no lo hizo. Escuchar les permite ver a los demás que le importan a usted. Les muestra respeto por lo que tienen que decir. Debe cambiar sus pensamientos para permitir que se formen imágenes en su mente.

Nuestros hijos tienen que entender que a veces tienen que esperar con paciencia a que estemos listos para escuchar con atención. Está bien decirles que tienen que esperar. Es importante ayudarlos a entender que usted quiere ser capaz de escuchar por completo. Les modela cómo respetarlos con los oídos y la mente unidos. Esto ayuda a alinear el «foco» de nuestra mente.

Cuando usted usa las palabras: «Lo que te escuché decir es...», usted comunica respeto y perfecciona su enfoque. Comunica que en verdad quiere tener la imagen que las palabras de ellos tratan de crear. Escuchar implica saber. Dedíquele tiempo a absorber lo que se le dice. Los niños se dan cuenta cuando está interesado y cuando está distraído. Hacer buen contacto visual puede enviarles el mensaje de que le importan. Los ojos comunican mucho. Si usted lleva su mundo interno hacia la tranquilidad y a estar presente, es más probable que aproveche su intuición y entre con sabiduría al mundo de ellos. En mi práctica de consejería y en mi vida personal, escuchar importa mucho. Sentirse oído, escuchado y reconocido crea la sensación de ser amado por alguien. Demuestra que la otra persona se interesa y quiere una relación.

LO QUE DECIMOS

El respeto provee la madurez que se necesita para facilitar la comunicación. Los padres que le mencioné al principio de este capítulo todavía no habían aprendido la madurez del autocontrol en cuanto a sus palabras. Carecían de la sabiduría para permitir que el baloncesto fuera un juego, y carecían de la visión para enseñarle a su hijo a ser respetuoso con sus palabras. No son padres malos, pero sus emociones los desviaron bastante.

Sus hijos pueden aprender mucho de la vida a través de lo que usted dice. Usted le provee la narración a la experiencia de ellos del mundo. Lo que usted dice puede edificar, conectar y destruir... a veces en una misma frase o en un solo párrafo.

La paciencia y el autocontrol

Muchas discusiones en el hogar involucran la falta de respeto. Es inevitable porque somos humanos. Hace varios años, un abuelo y su nieto me buscaron para que los aconsejara. El abuelo, quien

ACTIVIDAD

El ejercicio de la señal de alto

Todas las conversaciones funcionan como una intersección vial. Los vehículos deben detenerse en la intersección y tomar turnos, o habrá una colisión en medio de la intersección. De la misma manera, ¡la gente que está conversando debe detenerse y tomar turnos para evitar una colisión! Este ejercicio puede ayudar a su familia a desarrollar consciencia para escucharse los unos a los otros y para tomar turnos que contribuyan a la conversación. Aprender el arte de dar y recibir en la conversación ayuda a los niños a aprender a respetar a los demás.

Explíqueles a sus hijos cómo funciona una intersección vial. Explique que cuando usted está conversando, debe detenerse y esperar su turno, así como los autos toman turnos en la vía, y usted debe escuchar con respeto cuando la otra persona está hablando.

Quizás quiera crear una señal de alto en papel que pueda usar para practicar tomar turnos en la conversación. Solo recuerde ¡no usar la señal de alto para decirle a otra persona que deje de hablar para que usted pueda hablar! Más bien, después de que usted tome su turno en la conversación, sostenga la señal de alto e indique con amabilidad, al estilo de un policía de tránsito, que le toca hablar a la otra persona. Cuando esa persona termine de hablar, dele la señal de alto para que la sostenga mientras usted comienza a hablar otra vez.

Cuando alguien está hablando y un miembro de la familia la interrumpe, la persona a la que se le interrumpió puede decir: «Estaba hablando en la intersección, y tú llegaste y chocaste con mi auto».

Cuando esté en una conversación con otra persona o en un grupo, enséñele a su hijo cómo mostrarle a usted que está en la intersección, esperando para hablarle. La señal podría ser tocarle la mano o la pierna o pararse a su lado. He tenido que entrenarme a darme cuenta cuando mis hijos están en la intersección, esperándome. Busque una manera de permitir que su hijo sepa que usted está consciente de que él está en la intersección, a la espera de un turno para hablar. Yo pongo mi mano en el hombro de mi hijo y espero a una pausa en la conversación para dejar que entre a la intersección.

La señal de alto también se puede usar para que los niños vuelvan a intentarlo. Cuando un niño es irrespetuoso, usted puede entregarle la señal de alto de papel y decirle: «Puedes intentarlo de nuevo, pero esta vez con respeto». Cuando mi hijo y mi hija eran pequeños, recuerdo haberles dicho un par de veces: «¿Y el respeto? ¿Se te cayó en algún lado? Hay que encontrarlo para que puedas intentarlo otra vez con respeto». Mis hijos me miraban un poco desconcertados al principio, pero lo entendieron con el tiempo.

tenía custodia del chico, quería lo mejor para su nieto. Quería que tuviera buenas calificaciones, que tomara buenas decisiones y que le fuera bien en la vida. No quería que acabara como los padres del nieto, y estaba criando al nieto con miedo. Cada vez que el nieto tomaba malas decisiones o desobedecía, el abuelo lo interpretaba a través de un lente de miedo y lo percibía como un ataque personal. Como resultado, el abuelo se impacientaba y le faltaba el respeto verbalmente a su nieto cuando tenían un conflicto. Luego se sorprendía y se enojaba cuando su nieto comenzaba a reflejar sus comportamientos.

Le daré otro ejemplo de una conversación irrespetuosa. Estaba en una fila en un parque de diversiones con mi hijo, esperando para subirnos a una montaña rusa, cuando vi a un chico, en su adolescencia temprana, que no sabía a dónde ir porque se le había olvidado sacar sus cosas del casillero. Su papá entonces le dio un manotazo en la cabeza y lo ridiculizó en público. Se podía apreciar a simple vista que el hijo batallaba con la vergüenza, la ira y el endurecimiento de corazón hacia su papá.

¿Cómo dirían sus hijos que usted les habla? ¿Cómo dirían que le habla a su cónyuge y a las demás personas?

¿Les habla irrespetuosamente sobre otras personas? ¿Y qué de cuando conduce? ¿Es capaz de tenerles paciencia a los demás conductores? Seré el primero en admitir que tengo que practicar consciencia de cómo hablo de los demás, en especial cuando me siento frustrado con un compañero de trabajo, con algún miembro de la familia extendida o con algún extraño grosero.

La cultura verbal

Cada familia desarrolla su propia cultura dentro de la cultura general más amplia. En un estudio publicado en el *Journal of Family Psychology*, los investigadores analizaron el concepto del respeto dentro de las familias afroamericanas, latinoamericanas y euroamericanas. Lo que descubrieron es que los hogares afroamericanos y latinoamericanos ponían un mayor énfasis en el respeto en el hogar que los hogares euroamericanos. Esto resultó en más respeto para la autoridad paternal en el hogar. Los investigadores también descubrieron menos conflictos en los hogares con niveles más altos de disciplina y comunicación, sin importar el trasfondo cultural[5].

Hacer que el lenguaje respetuoso sea un ritmo constante en su vida es un gran desafío. Es como hacer ejercicio. Usted nunca llega. Es un proceso continuo. Ha habido veces en las que me he sorprendido hablando de alguien más en tono negativo con mis hijos. Pero he aprendido que hay suficientes críticos en nuestra vida y no suficientes alentadores. Preferiría que mis hijos me conocieran como alentador que como crítico.

Según el *Harvard Business Review*, los equipos de mayor desempeño se dan los unos a los otros cinco comentarios positivos por cada crítica[6]. Las críticas tienden a pegársele a uno, mientras que las palabras alentadoras necesitan un poco más de pegamento. Es interesante que los investigadores incluyeron el sarcasmo entre las críticas. Aunque para algunos el sarcasmo da gracia, para otros, el sarcasmo es bastante destructivo.

Comprenda que puede ser que cada uno de sus hijos filtre sus palabras de manera distinta. Algunos tipos de personalidad son más sensibles a la crítica que otros. Aunque no toda la crítica es mala, en realidad debe tener un propósito y ser constructiva para la persona. Un hijo podría ser motivado por la crítica constructiva, mientras que otro podría necesitar un equilibrio entre palabras alentadoras y crítica constructiva.

Hágase estas preguntas:

- ¿Cómo experimentan los demás las palabras que digo?
- ¿Siente la persona con la que hablo que me importa?
- ¿Se preguntan mis hijos qué digo de ellos cuando no estoy con ellos?

Cierto día, a principios de mi carrera como trabajador social clínico, estaba pensando en cuánto pueden contagiar algunas personas a otras en lo emocional y lo mental, en especial cuando son muy negativas o muy positivas. En verdad quería que los niños, los adolescentes y las familias con las que trabajaba entendieran cómo eso podría afectar a su familia y cómo desarrollar interacciones más positivas en sus relaciones.

Mientras más trabajaba con adolescentes, más me percataba de cómo ciertos olores afectaban a las personas. Los adolescentes a veces sabían que tenían ciertos olores y a veces no. También observé que la pizza es tentadora por naturaleza y que el desodorante y los aceites esenciales pueden mejorar la calidad del aire en una habitación. Al pensar en estos olores y aromas, en mi mente se comenzó a formar una analogía. He aconsejado a familias a usar las siguientes ideas como ayuda para la comunicación en cuanto a la actitud y las emociones en su hogar.

La bomba apestosa

A los niños y a los adolescentes les encanta y no se les olvida esto. Cuando alguien entra a una habitación con una actitud negativa, es como si esa persona activara una bomba apestosa en la habitación. Es probable que la persona con la actitud negativa esté lidiando con un sinnúmero de asuntos difíciles que la hace sentirse mal. Como esos asuntos se expresan por medio de la bomba apestosa de una actitud negativa, todos los demás tienen que lidiar con la actitud apestosa y negativa mientras permanece en la habitación. ¿Qué harán? ¿Taparse la nariz, salir corriendo de la habitación, o mantenerse firmes y respirarla?

El hecho es que la gente tiene que adaptarse a lo que entra al espacio aéreo mental y emocional de una habitación. Algunas familias que usan esta ilustración le dirán a un niño: «Oye, creo que activaste una bomba apestosa en la habitación», y el niño muy de seguro dirá: «No, no lo hice». El padre entonces debe explicarle al niño que la mala actitud y las emociones negativas que está experimentando están invadiendo el espacio aéreo mental y emocional de las demás personas. Tener esta conversación con sus hijos puede ayudarlos a entender que nuestras actitudes, y cómo expresamos nuestras actitudes, afectan a los demás.

La pizza

Cuando alguien entra a la habitación con una actitud positiva, es como si esa persona entrara a la habitación con una pizza. ¿A quién no le gusta el olor a pizza? Todos quieren un pedazo. Llevar pizza a la habitación es una oportunidad de compañerismo y diversión. ¡Es una fiesta instantánea! Esta analogía es una manera excelente de ilustrar cómo una actitud positiva puede hacer atractivas a las personas de una manera que hace que los demás quieran pasar tiempo con ellas. Díganles a sus hijos cuando «traen una pizza a la habitación».

El olor corporal

Cuando alguien entra y no está consciente de su negativismo y falta de educación, es como tener axilas sudorosas y apestosas. Quizás la persona no está consciente, pero las personas que la rodean sí lo están. De manera similar, las personas pueden ser negativas, groseras o criticonas sin saber cómo están afectando a las personas que las rodean.

El desodorante

Cuando alguien le dedica tiempo a cuidarse para llevar su mejor «yo» a la habitación, es como si se hubiera puesto desodorante. Me encanta el dicho: «Cuidarte a ti mismo es parte de tu trabajo». Habrá suficientes ocasiones en las que la vida tratará de producir una actitud sudorosa y apestosa, pero el cuidado propio ayuda a fortalecer el autocontrol y la paciencia. ¿Qué puede hacer en la mañana para preparar su mente para lo que podría pasar ese día? ¿Está manejando bien el estrés? Si no es así, dedíquele un poco de tiempo a revisar el capítulo sobre la adaptabilidad. ¿Cómo puede alentar a sus hijos a prepararse para el día? Dios provee una variedad de «desodorantes» en Colosenses 3:12-15, Efesios 5:1-2 y Efesios 6:10-20.

Difusores de aceite esencial

Cuando una familia mantiene una actitud positiva a pesar de que un niño esté siendo negativo, es como si la familia fuera un difusor de aceites esenciales para superar el olor de la actitud negativa. Hace varios años, una mamá llegó a mi oficina y me dijo: «Ha recibido a muchos adolescentes hoy, ¿verdad?». Dije que sí, y ella continuó: «Pues creo que necesita un difusor en su oficina para que ayude con los diversos hedores». Ella tenía toda la razón, y conseguí un difusor para mi oficina. Desde entonces, los niños, las mamás y los papás han disfrutado de una oficina que huele bien. De hecho, varios adolescentes que completaron el tratamiento y regresaron para una sesión

Un menú de palabras

Las palabras pueden edificar, destruir, iniciar guerras y crear imágenes. Las palabras pueden ser un regalo o un puñal. El rey Salomón dijo: «Manzana de oro con figuras de plata es la palabra dicha como conviene» (Proverbios 25:11, RVR60) y «El que guarda su boca y su lengua, su alma guarda de angustias» (Proverbios 21:23, RVR60).

Ayude a su hijo a aprender palabras respetuosas. En un lugar central de su casa, como el refrigerador, coloque un menú de palabras y frases que muestran respeto y son útiles para su familia. Asegúrese de modelar esa clase de lenguaje en sus conversaciones con los miembros de su familia. Anime a su hijo a usar las mismas palabras en sus conversaciones también.

Choca esos cinco

Me encanta este ejercicio. De hecho, a veces aún lo uso con mis hijos que ahora tienen dieciséis y catorce años. Lo usaba más a menudo cuando eran más pequeños. Las familias con las que he trabajado a lo largo de los años han disfrutado tremendamente este ejercicio.

La idea es darles a los niños un «choque de cinco» con palabras sinceras. Su niño levanta una mano para chocar esos cinco. Entonces, usted le dice:

- cinco cosas que le encantan de él.
- cinco cosas que ha observado que a ella le encanta hacer
- cinco restaurantes que a él le encantaría visitar
- cinco personas que la aman
- cinco cosas positivas que ha observado de él
- cinco cosas que

de «mantenimiento» años después me dijeron que recordaban el buen olor de mi oficina y que les daba mucha tranquilidad. De manera similar, nuestros hogares pueden llegar a ser un ambiente tranquilo para toda la familia cuando los padres mantienen una actitud positiva conforme cada miembro de la familia aprende y crece. Nuestra paciencia como padres y como familia puede tener un efecto profundo en un hijo cuya mente está atascada en la negatividad.

El ser sincero

Otra forma de usar palabras de una manera respetuosa es ser amorosamente sincero. Es demasiado fácil decir: «Buen trabajo» o «Lo estás haciendo muy bien» cuando la verdad es que su hija no está haciendo un buen trabajo. Como padres, queremos apoyar los esfuerzos de nuestra hija con mucho aliento. Pero el ser deshonesto ni apoya ni ayuda. Y puede ocasionar muchos problemas de confianza entre usted y su hija cuando ella se dé cuenta de que usted le ha estado diciendo: «Buen trabajo» por algo para lo que no es muy buena. ¿Confiará en lo que usted dice cuando la elogie por otras cosas? Lo más seguro es que no.

Una de nuestras funciones como padres es ayudar a nuestros hijos a descubrir el conjunto único de sus dones y talentos. A través del aliento y el apoyo sincero, guiamos a nuestros hijos a intentar cosas nuevas, a tomar riesgos calculados y a desarrollar sabiduría para elegir algunos caminos en lugar de otros. Si nos incomoda demasiado decirles la verdad, podemos impedir que desarrollen el discernimiento que necesitan para hacer juicios prudentes pero sinceros sobre sí mismos.

El respeto implica ayudar a sus hijos a entender que no pueden ser buenos en todo y ayudarlos a aprender a manejar el fracaso, la decepción y otros sentimientos incómodos. Los niños quieren saber para qué son buenos en verdad. Recibirán o una retroalimentación sincera y con amor de usted o la dura realidad de los compañeros. Yo preferiría aprovechar la

recuerda que ella hacía cuando era pequeña
- cinco cosas que son absolutamente ciertas de él
- cinco cosas que son únicas y especiales en ella
- cinco cosas que a él le encanta hacer
- cinco cosas que usted quisiera que pudieran hacer juntos cuando haya tiempo libre
- cinco personas que ella ama
- cinco comidas que a él le encantan
- cinco lugares para vacaciones que a ella le encantaría visitar
- cinco cosas que usted aprecia de él

Sea creativo y tenga en mente que su hijo podría pedirle chocar esos diez en vez de chocar esos cinco. También he observado que, con el tiempo, los niños comienzan a chocar los cinco de vuelta con sus padres. Recomiendo hacer esto antes de ir a dormir o de camino a la escuela.

oportunidad de darle retroalimentación con palabras amorosas, guiando a mi hijo a oportunidades nuevas y emocionantes, a que reciba de sus compañeros palabras potencialmente desalentadoras y destructivas de la realidad. Lo aliento a practicar dar retroalimentación sincera y amorosa sobre la persona que está descubriendo que es su hijo.

La sinceridad también se ve en sus interacciones diarias con otras personas. ¿Exagera para recibir afirmación? ¿Omite detalles de manera conveniente para protegerse? ¿Exagera la verdad? ¿Es sincero sobre por qué no contestó una llamada o un mensaje de texto? ¿Admite sus propias fallas? Se siente mucho mejor y se establece la base de confianza cuando la sinceridad es parte del fundamento de un hogar.

LO QUE HACEMOS

En 1 Corintios 11:1, Pablo instruye a sus lectores a imitarlo así como él imita a Cristo. Me encanta la confianza de Pablo, aunque también dice que él es el peor de los pecadores. Pablo reconoce su quebrantamiento y su dependencia completa en Cristo. ¿Ha observado que sus hijos hacen lo que usted hace? ¿Quizás algunas cosas son buenas y otras no tanto? Al inicio del capítulo, vimos lo que pasó cuando el joven jugador de baloncesto imitó a su familia. He aquí algunas maneras en las que puede modelar el respeto en su hogar.

Quédese tranquilo

La gracia es el elemento de la crianza que promueve la tranquilidad en medio del caos para que los padres puedan mantener el respeto. Dedíquele tiempo a respirar y a adquirir un poco de perspectiva. Trate de ver la situación desde la perspectiva del niño. Sea lento para hablar. Puede usar los siguientes principios para lograr una conexión basada en la seguridad[7]:

- **Jugueteo:** Crea flexibilidad de pensamiento, vínculos afectivos y seguridad. A los niños les encanta que sus padres le dediquen tiempo a ser juguetones, hacer boberías y ser espontáneos. A mi hija le encanta cuando la miro a los ojos de modo juguetón. Ella ve que estoy con ella por completo en ese momento.

- **Aceptación:** Permite «lo que es» y «lo que podría ser» en lugar de «lo que debería ser». Esto no quiere decir aceptar el comportamiento malo o irrespetuoso. Quiere decir adaptarse a lo que ocurre para que usted pueda responder en lugar de reaccionar.

- **Curiosidad:** La meta aquí es entender en lugar de suponer. Su hijo se sentirá reconocido y conectado con usted y estará mucho más receptivo a la corrección y redirección.

- **Empatía:** Esto le ayuda a ir obteniendo entendimiento sobre la experiencia general que su hijo está teniendo. Su meta es acercarse más a la compasión, el entendimiento, la amabilidad y lo que más beneficie al niño.

Sea puntual

¿Cómo tratamos nuestro tiempo y el de los demás? Como familia, esto es algo con lo que constantemente batallamos dado nuestro hábito de llegar tarde. Ni mi esposa ni yo somos las personas más puntuales. Yo trato de sacarle todo el jugo que pueda a cada minuto y, como resultado, a menudo me atraso por lo menos unos cuantos minutos. Recuerdo una ocasión en que alguien me dijo que cuando llego tarde, es como si mi tiempo valiera más que el de ellos. ¡Vaya! ¡Eso sí que me abrió los ojos!

Esto tiene un efecto dominó. Si llego tarde y hago que alguien más se atrase, puede que esa persona llegue tarde a su próximo compromiso o que tenga que acortar su tiempo con alguien más. Lo que yo hago en realidad afecta a los demás.

En la cultura latina, desafortunadamente, llegamos tarde a los compromisos con regularidad. ¿Es un buen hábito cultural, o lo quiere cambiar? (La pregunta es retórica). Muchos se ríen sobre las dificultades de la puntualidad en la cultura latina. Sería increíble si las familias latinas cristianas cambiaran esa narrativa cultural.

Cuando trato a mi cónyuge, a mis hijos y a los demás con respeto, mi cultura familiar es más respetuosa. Quiero que mi familia sea conocida como respetuosa a través de nuestra puntualidad y nuestro respeto por el tiempo de otras personas. He aprendido que mi esposa e hijos se sienten importantes cuando llego temprano o a tiempo a donde sea que estén o a donde sea que tengamos que ir. Me doy cuenta de que esto les será fácil a algunos, pero, sin duda, a otros no. Sigo buscando lograr la puntualidad.

Sírvanse los unos a los otros

Cuando trabajo con familias en cuanto al respeto, me encanta el proceso de ayudarlos a desarrollar una cultura de cooperación en su hogar. Implica servirse los unos a los otros y convertirse en contribuidores en vez de en consumidores en el hogar, en las relaciones y en la sociedad. Eso ayuda a los niños a comprender que la vida no se trata de lo que es justo, o de ellos nada más, sino de lo que más beneficia el crecimiento, el desarrollo y las relaciones. Los hijos con una mentalidad de contribuidor desarrollan resiliencia, y es más probable que experimenten felicidad y satisfacción en la vida. ¿Quién no querría eso?

¿Qué pasaría si los niños aprendieran temprano en la vida que cada persona de la familia juega un papel importante y que, si alguien no cumple su función, toda la familia se ve afectada? Es como un equipo deportivo. Si alguien no se esfuerza en el juego, es mucho más difícil que el equipo gane. Cuando se plantea de esta manera, los quehaceres y las tareas de la casa llegan a ser más que anotaciones en una lista de pendientes. Son oportunidades para que los hijos se hagan responsables de la función y el bienestar de la familia, y demuestren madurez, responsabilidad y respeto por la familia. Visto así, los hijos llegan a ser parte de la «victoria» para la familia.

¿Modela usted el servicio? ¿Sirve a su cónyuge? ¿Sirve a la familia? ¿Se toma el tiempo para pausar en su propia vida y ayudar a los demás, incluso cuando le es inconveniente? A menudo, las personas quieren nuestra ayuda o atención en los momentos más inconvenientes, en especial cuando nuestro ritmo de vida no tiene margen.

Respete las diferencias

Las personas son diferentes de muchas maneras. Como familia, nos respetamos los unos a los otros cuando honramos nuestras distintas necesidades y formas de hacer las cosas.

Considere el adagio: «Buenas cercas hacen buenos vecinos». Ponemos cercas para demarcar nuestro territorio y proveer un límite para no invadir la propiedad los unos de los otros. Mientras que el límite es una línea entre las propiedades, también les provee libertad a los dueños de las propiedades para que usen lo que les pertenece como les plazca.

Mire las propiedades de sus vecinos. Dentro de los límites de la propiedad de cada vecino, pueden elegir sus plantas, sus arbustos, la decoración del jardín, la decoración de la casa, el color de la casa y más. Son libres de expresar sus gustos y disgustos, así como usted es libre de expresar sus gustos y disgustos en su propiedad, siempre y cuando ninguna de las partes cruce la línea y tome decisiones sobre la propiedad del otro vecino.

Esta idea de tener libertad de ir en busca de sus propios deseos mientras respeta la libertad de los demás de hacer lo mismo se aplica también a las familias.

Hace poco, mi hijo dijo que no le agradaba que se escuchaba música de Navidad unas semanas antes del Día de Acción de Gracias. A él le encanta la música de Navidad, pero sentía que era demasiado temprano en la temporada, así que nos pidió que no hubiera música de Navidad hasta después del Día de Acción de Gracias. No quería hastiarse de escuchar canciones navideñas antes de que llegara la Navidad.

Sin embargo, a mi hija amante de la Navidad le encanta cantar, y acababan de pedirle que cantara villancicos antes de una obra de la comunidad. A mi esposa y a mí también nos encanta la Navidad. Puede imaginar el dilema que esto creó. ¿Cómo podíamos honrar las necesidades de toda la familia?

Ahora bien, si nuestro hijo hubiera afirmado que tenía

derecho a un teléfono o a privacidad o a tener novia, entonces la situación hubiera sido muy distinta porque, como padres, tenemos la autoridad de definir los parámetros en esas áreas. Sin embargo, la petición de nuestro hijo era razonable. Así que nuestra familia discutió el arte de avenir y de resolver problemas colaborando, y juntos pudimos elaborar un plan. Acordamos que, antes del Día de Acción de Gracias, el resto de nosotros escucharía música de Navidad solo cuando nuestro hijo no estuviera cerca. Ese compromiso respetó los deseos de ambos hijos y les dio libertad así como un límite.

Con otros límites, tenemos que estar atentos para incluir cuánto puede hacer una persona. Algunas personas pueden hacer mucho y jamás cansarse, y otras se sienten abrumadas o se fatigan con más facilidad. Familiarícese con sus propios límites y los de sus hijos. ¿Se parecen? ¿Son diferentes? Familiarícese con el equilibro que más beneficie a su hijo, aunque sea distinto al suyo.

Cumpla

Con el paso de los años, he visto a padres bien intencionados prometer mucho y cumplir poco. Yo mismo he llegado a decir que voy a hacer algo, y me he quedado sin tiempo o dinero para hacerlo. Sin embargo, nuestras acciones deben coincidir con las palabras: debemos hacer lo que decimos que haremos. Tener integridad en esta área les muestra respeto a los demás a un nivel fundamental.

Cumplir cuando se tiene una vida ocupada es bastante difícil. Pero para respetar a nuestras familias, tenemos que evaluar sinceramente lo que en verdad podremos hacer y entonces hacerlo, en lugar de hacer promesas que no podemos cumplir para agradar a nuestros hijos por un momento o tranquilizarlos. Si sabemos que no podemos hacer algo, tenemos que ser sinceros al respecto. Es mucho mejor para nuestros hijos aprender a lidiar con la decepción de un no, que tener que lidiar con la decepción de una promesa rota de un padre.

Si ha prometido de más y no ha cumplido, no está solo. La mayoría de los padres que conozco son culpables de eso, en especial los padres ocupados y distraídos. Cuando los niños me dicen que los cristianos son hipócritas o que sus padres son hipócritas, les digo: «Bienvenidos a la tierra». Todos somos culpables de la hipocresía en algún momento u otro de la vida. ¡Por eso es que necesitamos a Jesús!

Todos deberíamos estar buscando lograr más integridad en esta área. Si bien es posible que no alcancemos la perfección, no hay duda de que todos podemos crecer.

Muchos padres hacen promesas con las mejores intenciones. Nunca tendrían la intención de no cumplir una promesa. Pero debemos recordar que nuestros hijos confían en nosotros y creen lo que les decimos. Esperan que cumplamos. Tenemos que hablar y actuar con integridad. Incluso cuando están decepcionados, los hijos se sienten respetados cuando los padres son sinceros en cuanto a lo que se puede o no se puede hacer. Como ejercicio, pídales a sus hijos que compartan momentos en los que han observado que usted ha prometido de más, o se ha comprometido de más, y no ha cumplido. Hablen de cómo se sintieron al respecto.

¿Y QUÉ?

Está claro que establecer una base de respeto en su relación con sus hijos requiere una inversión significativa de tiempo, esfuerzo y energía. La buena noticia es que el respeto genuino es una inversión que rinde toda una vida de dividendos.

Los hijos que entienden la importancia del respeto genuino, inquebrantable y arraigado en el amor de seguro desarrollarán relaciones saludables y beneficiosas con maestros, entrenadores, consejeros, profesores, supervisores, superiores militares, cuerpos policiales y otras figuras de autoridad.

De igual manera, los hijos que han sido respetados desde una edad temprana de seguro desarrollarán un alto sentido de dignidad y valor personal. Es menos probable que se desvíen por la presión de sus compañeros o las opiniones de los demás. Es menos probable que batallen con problemas en cuanto a su imagen. Están mejor equipados para lidiar con los reveses.

Tal es el poder del respeto.

INFO

Repercusiones

¿Ha lanzado alguna vez una piedra a un estanque y visto las ondas moverse en el agua? Lo que hacemos afecta a otros como ondas en un estanque. Esas ondas siguen creciendo y esparciéndose mucho después de que la piedra fue lanzada al agua por primera vez.

Repercutimos en la vida de los demás y ellos en la nuestra a lo largo del día de maneras útiles y no tan útiles. Cuando nos alentamos los unos a los otros, eso puede repercutir en el ánimo de esa persona a otra, y así sucesivamente. Si nos burlamos de alguien, esa persona puede burlarse de alguien más, y la onda sigue sucesivamente.

Todavía puedo recordar las repercusiones maravillosas de mis abuelos. Mi abuelo me enseñó a trabajar en el jardín, y hasta la fecha me encanta la jardinería. Él me hablaba de Dios y exhibía respeto y amor hacia todos, incluso a los desconocidos. Sus repercusiones siguen en mi vida. También puedo recordar estar en un campamento a los once años donde una chica que se me hacía bonita me llamó ñoño gordo. Aunque esa no es mi identidad, sentí esas repercusiones por un tiempo.

Puedo recordar cuando a un chico de quince años (del primer año de secundaria), quien medía 2,10 metros y era inseguro, le bajaron los pantalones enfrente de algunos estudiantes (incluso chicas) que estaban mirando nuestra práctica de baloncesto. Quedó humillado. Entonces él puso una silla rota para que se sentara una chica con sobrepeso, y ella la aplastó frente a toda la clase. Quedó humillada también, y salió llorando del salón de clases. Se quedó en el baño todo el período de la clase, sollozando.

Repercusiones.

¿Recuerda que lo que decimos y hacemos puede seguir viviendo en alguien más?

Ayude a sus hijos a reconocer las repercusiones que han recibido hoy, durante la semana pasada y a lo largo de su vida hasta ahora. ¿Quiénes han sido los contribuidores y los consumidores, los alentadores y los desalentadores, los influenciadores y los desviadores en su vida? ¿Cómo ha repercutido la gente en su vida? ¿Cómo han repercutido ellos en la vida de otros? ¿Hasta dónde llegan nuestras palabras y acciones en la vida de otras personas?

EL RESPETO

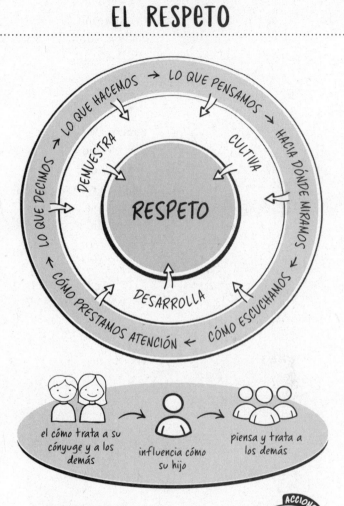

- LO QUE HACEMOS → LO QUE PENSAMOS →
- LO QUE DECIMOS →
- HACIA DÓNDE MIRAMOS
- CÓMO ESCUCHAMOS
- CÓMO PRESTAMOS ATENCIÓN ←

DEMUESTRA
CULTIVA
DESARROLLA

RESPETO

el cómo trata a su cónyuge y a los demás

influencia cómo su hijo

piensa y trata a los demás

ACCIONES

- ⚪ Recuerde las ocasiones importantes
- ⚪ Esté presente mental, emocional y físicamente
- ⚪ Renueve su mente a través de la oración y la Palabra de Dios
- ⚪ Modele el respeto al mirar a los demás a través de los ojos de Dios
- ⚪ Imite a Cristo

CAPÍTULO 4

LA INTENCIONALIDAD

Para ser precisos, vivir intencionalmente
se trata de vivir su mejor historia.
—JOHN MAXWELL

Podemos hacer nuestros planes,
pero el SEÑOR determina nuestros pasos.
—PROVERBIOS 16:9

EL TIEMPO PUEDE VOLAR como un avión supersónico. Yo no lo creía del todo hasta que llegué a ser padre. Recuerdo pensar, cuando mi hijo tenía tres años y mi hija uno, que a ambos les faltaba mucho para llegar a ser adultos. Pero mi hijo de repente es más alto que yo y tiene una voz más grave que la mía. Mi hija es una señorita, y ella y yo estamos hablando sobre qué buscar en un hombre mientras considera tener novio en los próximos años. ¿A dónde se fue el tiempo?

Me he reunido con innumerables padres que han dicho que desearían haber hecho esto o aquello de otra manera. Algunos dicen que, si pudieran hacerlo todo de nuevo, priorizarían de otra forma lo que hicieron como padres. Pasarían más tiempo con sus hijos, en especial durante los primeros años, cuando los hijos estaban en casa y no tenían trabajo, lugares a dónde ir, autos que conducir o amigos que ver. La realidad es que hacemos lo mejor posible con lo que tenemos. Simplemente no tenemos el tiempo o la energía de adaptarnos a todo lo que la vida nos lanza, y parece que los horarios se llenan más en cada edad y etapa del desarrollo del niño. Nos lamentamos cuando miramos hacia atrás y nos evaluamos a nosotros mismos y el trabajo que hemos hecho como padres.

Todos nos sentimos así al mirar en retrospectiva. Pero hay algo que podemos hacer para minimizar ese sentimiento de que nuestra realidad no está sincronizada con nuestros deseos para la vida de nuestra familia.

Ser intencionados puede ayudarnos a sentir que tenemos más control sobre la dirección de la crianza de nuestros hijos. Ser intencionado se trata nada más de saber qué quiere hacer para que cada día cuente en la vida de su hijo y qué quiere hacer con su oportunidad de ser transformado al aceptar el desafío y la responsabilidad de ser padre. No se trata de consentir de más a su hijo ni de hacer de su hogar uno enfocado en las actividades o en los hijos.

Hace algunos años, tuve el privilegio de trabajar con una pareja que buscaba ayuda para su hijo de trece años, el más joven de tres hijos varones. A diferencia de sus padres y de sus dos hermanos mayores, a este joven —Ryan— se le dificultaba enfrentarse a la vida diaria. Batallaba con ansiedad crónica, nerviosismo e insomnio, así que había que hacer algo. Mientras más hablamos, más claro llegó a ser que tenía necesidad de ayuda seria.

Cuando le pedí su lado de la historia, Ryan ya tenía lista una respuesta. «El problema —dijo—, es que estoy estresado por completo. ¡Mi familia está demasiado ocupada! Siempre estamos yendo a algún lado, haciendo algo, agregándole otro compromiso al calendario. ¡Nunca tengo tiempo libre! Es demasiado ¡y quisiera que pudiéramos pasar más tiempo juntos como familia!».

Lo interesante era que parecía que nadie más de la familia compartía su sentir. De hecho, parecía que les gustaba su horario agitado y no tenían un plan intencionado de conectarse los unos con los otros. Más bien, valoraban los deportes y la escuela. La mamá y el papá de Ryan no eran malos padres. Es solo que eran personas altamente motivadas que mantenían una participación activa en todo, desde el trabajo hasta la iglesia, la comunidad local y las actividades educativas y extracurriculares de sus hijos. Los hermanos de Ryan parecían estar perfectamente satisfechos con el ritmo acelerado del estilo de vida activo de su familia, pero batallaban con las decisiones de su vida. Al resto de la familia le costó entender por qué Ryan no veía las cosas igual que ellos.

El ritmo de vida de la familia no les permitía tiempo para reflexionar y conectarse los unos con los otros y con Dios. Los padres de Ryan estaban acostumbrados a esforzarse, pero ser intencionado significa saber cuándo desacelerar las cosas o detenerse del todo.

Mi sugerencia para esta familia fue que equilibraran

intencionadamente el descanso, la relación familiar y el trabajo en su vida y que estuvieran conscientes de que los distintos miembros de la familia tienen necesidades distintas. Puede parecer obvio, pero encontrar ese equilibrio es difícil, en especial cuando le agregamos a la mezcla la tecnología, el entretenimiento y el interminable menú de posibles distracciones y oportunidades. La crianza intencionada comienza con detenerse para determinar lo que está buscando y por qué lo está buscando.

A mucha gente se le ha hecho creer que un padre intencionado es un padre perfecto, lo cual no es cierto. Hay muchas cosas que he iniciado con mucha intención con las que no cumplí del todo, incluyendo una junta familiar a la semana en nuestro hogar. Pero hacemos lo mejor posible por tener conversaciones intencionadas y pasar tiempo juntos. Hasta la fecha no he conocido una familia que haya sido perfectamente intencionada a lo largo del camino. Sin embargo, puedo hablarle de muchas parejas que están agradecidas de haber aprendido a ser más intencionadas en su crianza por lo que logró para ellos, sus hijos y su familia.

EL PADRE RELACIONAL

Los padres con intencionalidad les prestan atención a las relaciones entre los miembros de la familia. Crían a sus hijos a través de las relaciones. Carol Watson-Phillips, especialista sobre la familia, ha hecho todo lo posible por describir la paternidad relacional en un estudio que se titula: «Relational Fathering: Sons Liberate Dads» (El ser padre relacional: Los hijos varones liberan a los padres)[1]. Watson-Phillips define al «padre relacional» como alguien que:

- desarrolla conexión
- repara relaciones
- está consciente de sí mismo
- enfrenta los desafíos
- escucha y presta atención
- se esfuerza por comunicarse
- es intencionado en cuanto a reorganizar su horario
- se asegura de estar disponible
- ve la paternidad como una relación y un honor, no nada más como un trabajo o una función
- organiza sus prioridades y busca lo que es importante en vez de lo urgente
- tiene gracia
- considera con cuidado el poder de sus palabras, tanto las buenas como las malas.
- reconoce las oportunidades infinitas para el crecimiento personal
- está dispuesto a definir la masculinidad en términos de la relación y el cuidado

Como lo señala Watson-Phillips, este modelo de paternidad es contracultural. También es del todo compatible con nuestra fe cristiana, la cual representa a Dios como un Padre celestial amoroso[2]. Las Escrituras nos dicen que Dios, nuestro Padre:

- nos conoce íntimamente
- nos ama profundamente
- siempre tiene en mente lo que más nos conviene
- nos provee para nuestras necesidades
- nos corrige con amor
- siempre está accesible por medio de la oración
- nos da buenos regalos
- nos invita a llamarlo Abba (Papi)

La imagen de la crianza relacional presentada por Carol Watson-Phillips es la de un padre que entiende la necesidad de seguir esforzándose por hacer bien las cosas. Lo cual, por supuesto, requiere energía, enfoque, disciplina y atención. Y de eso se trata en realidad el ser intencionado.

LA INTENCIONALIDAD Y LA ESPONTANEIDAD

Ser intencionado con eficacia no quiere decir que usted aborda la crianza como una computadora o un autómata. Al contrario, ser intencionado es combinar el orden y la deliberación con la libertad, la creatividad y la espontaneidad. Eso quiere decir presionar intencionadamente el botón de pausa en su propia vida para permitir que su vida se entrecruce con la de su hijo. La risa y el juego son ejemplos perfectos de momentos esenciales y espontáneos del botón de pausa. A mis hijos les encanta cuando le dedico tiempo a ser juguetón o bobo con ellos. Para ser honesto, no siempre tengo la energía para ello, pero sé que puede crear conexión en el momento. A mis hijos también les gusta cuando les pido espontáneamente que vayamos a caminar o salgamos a desayunar, almorzar o cenar. Ser espontáneo se trata de no estar demasiado ocupados como para disfrutar las relaciones y tomarse el tiempo de involucrarse intencionadamente en los momentos no planeados.

Los momentos no planeados pueden incluir los momentos enseñables. Puedo garantizarle que me he perdido muchos momentos enseñables en la vida de mis hijos. Pero eso no me hace débil en intencionalidad. Simplemente refleja la gran cantidad de oportunidades enseñables que surgen. La vida diaria, los deportes, la naturaleza y el entretenimiento son solo algunas de las áreas que proveen oportunidades para momentos de enseñanza espontáneos. He aquí algunas ideas para aprovechar los momentos enseñables:

La vida diaria: Reflexione en lo que sale y lo que no sale bien en la vida diaria. Hable de los desafíos de vivir en un mundo imperfecto... y a veces injusto. Enfatice que nuestro

Retiro para establecer metas
Considere tener un tiempo anual para establecer metas con su familia. Hace poco, el Dr. Richard Lytle le habló al personal de administración de Enfoque a la Familia sobre el liderazgo. Él es padre de tres hijas adultas, así como esposo, profesor, orador y miembro de la junta directiva de Enfoque a la Familia. En su presentación, compartió sobre los retiros anuales para establecer metas que él y su esposa organizaron para su familia cuando sus tres hijas iban creciendo en su hogar. Planeaban un divertido retiro en el otoño, durante el cual los miembros de la familia establecían metas físicas, espirituales, mentales y relacionales para el año siguiente. Buscaban la guía de Dios y compartían sus metas los unos con los otros. También se animaban los unos a los otros a lo largo del año.

éxito o fracaso final a menudo se reduce a quién le hacemos caso. ¿Le estamos haciendo caso a Dios con cuidado al participar en los viajes y las aventuras increíbles de la vida?

Los deportes: Quizás su hija perseveró cuando quería darse por vencida. Quizás el equipo de su hijo consiguió una victoria por el trabajo en equipo. Quizás a su hijo le esté pegando muy fuerte una pérdida. Quizás su hija ha sido entrenada por alguien con una mentalidad de que hay que ganar a toda costa. No hay escasez de momentos enseñables en el mundo de los deportes.

La naturaleza: Si sus hijos lo ayudan en el jardín, puede hablarles de la importancia de tener buena tierra, de proveer los nutrientes apropiados y de producir fruto tanto en el jardín como en la vida. Se pueden maravillar ante la belleza y el diseño complejo del universo de Dios. Pueden explorar preguntas como: «¿Por qué son los seres humanos los únicos seres a quienes se les dio la habilidad de razonar y decidir?».

El entretenimiento: A veces le pongo pausa a una película que estamos viendo como familia para preguntarles a mis hijos cómo piensan que sería ser los distintos personajes de la película. Llámela una rápida lección de empatía. Las opciones de entretenimiento de su familia también le dan oportunidades de considerar y discutir la importancia de no distraernos en nuestra relación con Dios.

LA INTENCIONALIDAD Y LAS DIFERENCIAS DE PERSONALIDAD

La historia de Ryan demuestra cómo apreciar las diferencias de personalidad puede afectar la forma en que usted aplica las técnicas de crianza intencionada en su hogar. Antes de que pueda diseñar una estrategia funcional para relacionarse efectivamente con cada hijo, usted debe entender lo que motiva a cada hijo. También debe tener una buena comprensión de su propio temperamento y de cómo interactúa con el temperamento de sus hijos. Por ejemplo, si usted es extrovertido y su hijo o hija es introvertido, va a tener que estar consciente de las diferencias entre ustedes y tomarlas en cuenta. No hay tal cosa como un plan de talla única para la crianza. La crianza intencionada es crianza relacional, y las relaciones son un arte, no una ciencia.

En una ocasión, conocí a unos padres muy intencionados. La pareja tenía cuatro hijos, un hogar limpio y una rutina constante que involucraba a todos sus hijos. Por naturaleza, tenían distintas personalidades y distintos intereses. Los padres tomaron en cuenta sus rasgos individuales en el desarrollo de sus rutinas familiares. Un hijo tendía a ser bastante obstinado, así que le dieron algunas funciones de liderazgo en su sistema, y a menudo le pedían su opinión sobre maneras para mejorar el sistema general. La hija tendía a ser creativa, así que ayudaba a diseñar ilustraciones y a dar lluvia de ideas para el sistema de limpieza de la familia. Otro hijo era más social, así que le dieron funciones que implicaban comunicación y ayudaban a facilitar las juntas de la familia para asegurarse de que la familia siguiera siendo un equipo a la conquista de la casa. El cuarto hijo era un poco más sincero que los demás y lo pusieron a cargo de asegurarse de que todos hicieran lo que decían que iban a hacer.

Estos padres encontraron formas de utilizar las fortalezas de la personalidad de cada hijo en las rutinas de su familia. Aunque la familia puede sonar perfecta, los padres fueron los primeros en admitir que todos necesitaban reiniciar, reparar y reagruparse constantemente dadas las imperfecciones que se derramaban gracias a las muchas diferencias en el hogar. Sin embargo, si no guiamos intencionadamente las diferencias de personalidad, estas podrían crear caos, conflicto y agotamiento en el hogar. Esta pareja usó su fortaleza en ser intencionados para manejar de manera más eficaz las diferencias de sus hijos.

Lo que quiero decir aquí es que cada hijo es único. Algunos no les prestan atención a los detalles, mientras que otros les prestan demasiada atención. Algunos corren riesgos, mientras que otros prefieren la seguridad de una rutina estable. Algunos son ansiosos. Algunos son desinhibidos y están dichosamente inconscientes del impacto que sus palabras y acciones tienen en otras personas. Y aún otros tienen problemas físicos, mentales o emocionales que requieren la atención experta de un especialista.

El padre intencionado es la mamá o el papá que se siente cómodo con sus propias fortalezas y desafíos de personalidad. El padre intencionado es el que por voluntad propia invierte el tiempo y la energía necesarios para aprender acerca de la personalidad única de cada hijo, y le enseña a usarla de la manera más eficaz para lograr metas y relacionarse bien con los demás.

De esa comprensión profundamente personal y relacional viene la habilidad del padre para guiar, corregir y enseñarle a cada hijo, utilizando los otros seis elementos indispensables

ACTIVIDAD

Los padres y los deportes

Disfruto entrenar al equipo de baloncesto de mi hijo. Pero la experiencia me ha hecho dolorosamente consciente de las cosas malas que pueden ocurrir cuando las mamás y los papás se distraen de sus verdaderas metas dado el deseo de ver a sus hijos tener éxito en la cancha. Es por eso que he establecido la práctica estándar de reunir a las familias de todos mis jugadores al inicio de la temporada para lo que considero el discurso motivacional del año. Cuando todos están relajados y se están divirtiendo, me pongo de pie y hago el siguiente llamado:

«Miren alrededor del salón —digo, mirando a mi audiencia intergeneracional—. La verdad es que solo un porcentaje muy bajo de estos chicos acabará participando en los deportes en la universidad o a un nivel profesional. Mientras tanto, todos acabarán siendo hombres. Todos necesitan su tiempo, comprensión, afecto, guía, ánimo y atención personal. Cada uno está desesperado por saber que se le conoce y ama tal como es».

Tengo dos razones para enfatizar estos puntos. En primer lugar, me he dado cuenta de que algunos padres se distraen por la intensidad del juego. Comienzan a valorar el éxito de los deportes por encima de todo. *Mi hijo tiene que ser el mejor del equipo*, piensan, *¡o ya verán!* Esta mentalidad fomenta una actitud crítica que puede ocasionar estragos en la relación entre padre e hijo.

En segundo lugar, he visto cómo un énfasis excesivo en los deportes puede resultar en un horario que agota a toda la familia y deja a todos con poco o nada de tiempo para desarrollar conexiones saludables en el hogar. Las madres y los padres deben recordar que esas conexiones, y no un estante lleno de trofeos, son lo que algún día será la medida de su éxito como padres. El tiempo de sus hijos en los deportes, la música, el teatro, la banda, el coro y cualquier otra actividad se trata de que aprendan a desarrollar los talentos que han recibido. Su función es guiar, corregir, animar y disfrutar el crecimiento de ellos conforme descubren lo que hacen bien y lo que les gusta hacer.

Por favor, no me malentiendan. Esto no se trata de hacer que sus hijos se sientan bien. Se trata de ayudarlos a crecer y llegar a ser la persona que Dios quiso que fueran. Nuestros hijos tienen que aprender que su identidad está en lo que ellos son en Cristo y no en lo que ellos logran. Lo que ellos hacen fluirá por naturaleza de quienes son en Cristo.

para la crianza de sus hijos: el amor, el respeto, los límites, la gracia, la gratitud y la adaptabilidad.

LA INTENCIONALIDAD: INGREDIENTES PARA EL CRECIMIENTO DE LOS PADRES

Una cosa es entender la teoría que está detrás de ser intencionado en la crianza. Otra cosa es desarrollar las habilidades requeridas para poner esa teoría en práctica.

Considere un jardín, por ejemplo. Después de que intencionadamente planea, prepara la tierra y siembra las semillas, tiene que prestarle atención a la planta, fertilizándola y regándola para ayudarla a crecer bien. Estos mismos pasos son necesarios al buscar ser intencionado como padre.

Planee

Ser un padre intencionado significa dedicarle tiempo a darse cuenta de a dónde se dirige y por qué va en esa dirección. Se trata de tener una dirección y guiar a su familia en esa dirección. Eso puede involucrar tanto hacer planes para el crecimiento espiritual de sus hijos como hacer planes para eventos como campamentos, actividades, tiempo familiar y vacaciones. Aunque planear quizás no sea fácil para todos, es esencial para usar bien el tiempo y estar preparados para las diversas etapas y actividades según lleguen.

Planear implica desarrollar y comunicar valores y rasgos de carácter que usted quiere asegurar que sus hijos aprendan a lo largo del camino. ¿Qué rasgos de carácter quiere que sus hijos aprendan? Contestar esa pregunta en la etapa de planeación de la crianza le ayudará a enfocarse en los mejores momentos enseñables cuando ocurran espontáneamente en la vida diaria.

La planeación de comidas juntos es un gran enfoque para su atención. Un estudio publicado en *The American Journal of Family Therapy* descubrió que pasar la hora de la comida constantemente con la familia resulta en mayor satisfacción y comunicación familiar[3]. Puede hacer que la hora de la comida sea divertida al incorporar juegos, preguntas y otras actividades que estimulen la interacción. Cuando las cosas van muy bien, celebren con una comida mientras ven una película juntos y disfrutan de la compañía mutua. Sea creativo e introduzca algo de variedad en sus planes para la hora de la comida.

A medida que hace planes, tenga en mente que ser intencionado implica tiempo, una de nuestras posesiones más preciosas. Determine exactamente cómo va a invertir de sí mismo en la vida de sus hijos.

La planeación intencionada incluye el desarrollo de tradiciones en el hogar. ¿Tiene un «ritual para la hora de dormir» con sus hijos? Podría ser algo así: cepillarse los dientes, irse a la cama,

ACTIVIDAD

El ejercicio del cuadro de inversión

Cómo pasa su tiempo demuestra con qué está comprometido, es decir, en qué se invierte usted. Como familia, hagan cuadros de inversión para ayudar a sus hijos a entender que tienen que tomar decisiones intencionadas en cuanto a cómo pasan su tiempo. Discutan cómo está invirtiendo su tiempo cada miembro de la familia. Asígnele un valor numérico a cada inversión, según su importancia. El total de inversiones es cien. (Para los niños pequeños puede usar un sistema simple de clasificación numerada). Por ejemplo, un niño podría decir que pasar tiempo con los amigos con videojuegos es su inversión número uno, así que la conexión con los amigos es muy valiosa para

leer una historia, orar, y luego beber un último sorbo de agua antes de apagar las luces. Si hace algo así con regularidad, ha establecido una tradición. Las tradiciones pueden abarcar cada área de la vida de la familia. Pueden incluir salir a cenar cada domingo en la noche, hacer panqueques o gofres el sábado en la mañana, compartir cosas por las que está agradecido en la mesa el Día de Acción de Gracias, ver películas favoritas en las fiestas de fin de año, o hablar sobre el regalo de Dios en Jesucristo durante la Navidad. No importa qué tradiciones específicas decida implementar. Lo que cuenta es que use estas tradiciones para crear vínculos entre las generaciones y establecer una identidad colectiva para su hogar. Repito, esto es algo que no ocurre en automático, por lo menos no en nuestro mundo frenético. Tiene que desarrollarse intencionadamente.

Preste atención

Hablamos de prestarle atención a su hijo en el capítulo 3, pero eso se aplica a ser intencionado tanto como al respeto. Puede ver que los padres que les prestan atención a sus hijos están demostrando respeto *e* intencionalidad *y* amor inquebrantable. Al desarrollar los siete elementos indispensables para la crianza de sus hijos, observará que varias estrategias encajan en más de una categoría.

La atención es un ingrediente crucial para ayudar a un niño a prosperar en Cristo. Si usted no conoce bien a su hijo, no puede responder intencionadamente a él o ella como padre. Vivimos en una era de textos, videoclips rápidos y extractos de sonido. Se acepta que los períodos de atención acortada e indisciplinada son los subproductos de nuestra vida centrada en la pantalla. Es una realidad desafortunada pero aparentemente inevitable de nuestro nuevo panorama cultural. No lo crea. La habilidad de controlar su atención es una habilidad que se puede retener (o readquirir, según sea el caso) y mejorar con el tiempo, la práctica y la instrucción. Iré más allá y diré que es una habilidad que

él. Puede darle un valor de treinta, y luego a los deportes veinticinco, a la familia veinte, y así sucesivamente. Esto abre la puerta para una excelente discusión sobre las decisiones intencionadas que cada uno de nosotros debe tomar según nuestros valores, tiempo y energía.

Compare el cuadro de inversión con las cosas a las que Dios dice que nos debemos dedicar: la oración, las Escrituras, las personas, y el servicio a Dios y su reino. Agregue cualquier otra cosa que haya observado en su tiempo de lectura de las Escrituras en la que Dios quiere que invirtamos (por ejemplo, huérfanos y viudas). Converse con su familia sobre la necesidad de pasar su tiempo de forma equilibrada y saludable.

El foco

¿Qué es lo que capta y mantiene su atención con más facilidad? He aquí una pequeña actividad que puede ayudarlos a usted y a sus hijos a pensar en lo que significa mantenerse enfocados en las cosas correctas.

En un teatro, los movimientos de las luces guían y fijan la atención de la audiencia. Haga su propio teatro en casa, reuniendo a toda la familia en la sala. Lleve una linterna y apague todas las otras luces. Diviértanse pasándose la linterna entre ustedes y dándole a cada persona la oportunidad de colocar la luz donde ella decida. Puede apuntar el rayo de luz a donde desee. Puede ser una silla al otro lado de la habitación, la pantalla de la televisión, un cuadro en la pared o el rostro de otra persona.

usted *debe* desarrollar si quiere ser un padre intencionado y relacional.

A lo largo de las Escrituras se le dice al pueblo de Dios que preste atención. Necesitamos recordatorios constantes para mantenernos enfocados al navegar las muchas cosas que compiten por nuestra atención. Quisiera poder decir que es fácil, pero es bastante difícil. Controlar su atención requiere mucha energía y diligencia. Implica tomar decisiones y estar consciente de cuándo su enfoque se ha desviado. Implica entender lo que se roba su atención y por qué. A donde vaya su atención, ahí va usted. Es más: a lo que usted le presta atención determina qué tan bien se conecta con sus hijos.

Parte de prestar atención es darse cuenta. Entrénese y entrene a sus hijos a darse cuenta de cómo está obrando Dios en su hogar, su vida y su comunidad. Dese cuenta de los demás. ¿Cómo están diseñados por Dios de manera única? ¿Qué hacen bien? Dese cuenta cuando las personas toman buenas decisiones, y celebre con ellas. Dese cuenta cuando las personas necesitan el amor de Dios o una palabra de aliento. Parte de darse cuenta es ser un escuchador genuino. Estar atentos y proveer retroalimentación sincera y amorosa proporciona la autenticidad que a los niños les encanta. Deles un reflejo genuino de quiénes son con palabras sinceras de su valor como hijos de Cristo. Es importante aprender discernimiento para que pueda distinguir entre lo que debe preocuparle y lo que debe soltar.

La atención también juega un papel clave en si usted adopta el pensamiento pesimista o el optimista. El pesimista se enfoca en lo negativo y el optimista en lo positivo. Sin embargo, las circunstancias son exactamente las mismas. La distinción yace por completo en la mentalidad de las dos personas. De manera similar, el crítico está programado para obsesionarse con los errores y las equivocaciones, mientras que el alentador tiende a ver las imperfecciones como dones y reconoce el

Dígales a sus hijos: «Lo que sea que iluminen con la luz será el foco de su atención». Resalte la idea de que es una decisión consciente. Luego, haga algunas preguntas como: «¿Dónde tienes tu foco? ¿En la celebridad, la fama, la riqueza y el poder... o en las necesidades de otros?». Hablen de lo que significa dirigir nuestra atención hacia el desarrollo de relaciones con los demás miembros de la familia.

potencial que hay debajo de la superficie. A esto exactamente quería llegar Pablo en Filipenses 4:8: «Concéntrense en todo lo que es verdadero, todo lo honorable, todo lo justo, todo lo puro, todo lo bello y todo lo admirable. Piensen en cosas excelentes y dignas de alabanza». Pablo aprendió a qué prestarle atención al seguir a Cristo.

En Isaías 26:3, leemos: «¡Tú guardarás en perfecta paz a todos los que confían en ti; a todos los que concentran en ti sus pensamientos!». Una mente constantemente atenta es esencial para la paz interna. Muchos carecemos de paz porque puede ser bastante difícil para nosotros decir que no. Después de todo, hay muchas cosas buenas a las cuales decir que sí. Como resultado, estamos por completo a merced del aluvión de oportunidades que se nos presenta todos los días. Es difícil ver que ser intencionado se trata de prestarle atención a las cosas que más importan. Es decir, las relaciones humanas.

¿Hacia dónde dirige Dios su atención cuando dirige sus ojos hacia sus hijos? Isaías 66:2 dice: «Miraré a aquel que es pobre y humilde de espíritu, y que tiembla a mi palabra» (RVR60). Dicho de otra manera, Dios está buscando a alguien que sea capaz de establecer su atención: una persona que esté dispuesta a seguir dirigiendo y formando su atención interna hasta que esté en línea en lo externo con los valores y las prioridades del Señor. Y ya que las prioridades de Dios están involucradas con las relaciones, tiene sentido que cuanto más intencionados seamos en conectarnos con él, más intencionados llegaremos a ser en conectarnos con nuestros hijos y con los demás.

Cumpla

Otro ingrediente de la fórmula de la crianza intencionada es interesarse auténticamente en cumplir. Esto también se puede describir como fidelidad o congruencia.

Este es otro tema que tocamos en el capítulo 3. Analicemos cómo el cumplimiento se aplica a ser intencionado.

En este caso en particular, estoy hablando de la importancia de hacer lo que decimos que vamos a hacer, lo cual suena obvio, pero la verdad es que ¡puede ser muy difícil! Cuando estamos desgastados por trabajar demasiado o andar con demasiada rapidez, es fácil aplicarle nuestro esfuerzo a lo que es urgente en vez de a lo que es importante. Cuando estamos exhaustos, a menudo intentamos aplacar a nuestros hijos con la promesa de que les daremos lo que quieren «después». Si ese es su *modus operandi*, asegúrese de no olvidar cumplir sus promesas.

Nuestras decisiones y nuestras acciones les muestran a nuestros hijos lo que valoramos. Esto es en especial crucial cuando las cosas urgentes llaman a nuestras puertas con fuerza. Cuando nos enfocamos en las cosas ruidosas y urgentes, puede ser demasiado fácil descuidar las cosas silenciosas y menos demandantes que nos son de mayor importancia. Tome decisiones basadas en las personas y los valores que le importan y no en la urgencia.

No hace mucho tiempo, tuve que practicar esta disciplina. Estaba trabajando con plazos ajustados, escribiendo un ensayo para mi programa de doctorado y un artículo para el sitio web de Enfoque a la Familia, cuando mi hija se me acercó. «Papá, ¿tienes tiempo?». ¡Qué pregunta más poderosa! ¡Y qué dilema!

Por un lado, sentí el llamado de mis responsabilidades personales y profesionales. Por otro lado, mis instintos paternales me decían: *Necesitas dejar lo que estás haciendo y responder a la necesidad de Lexi. Necesita hablar contigo.*

Presioné pausa en mi mente. Le sonreí a mi hija y le dije: «Sí, tengo tiempo, pero necesito regresar a estas responsabilidades. Permíteme terminar este párrafo y entonces hablamos». Ella entendió el límite, pero se sintió escuchada. También se sintió valorada cuando salí de mi oficina unos minutos después y le demostré que había hablado en serio. Estaba dispuesto a hacer a un lado lo que estaba haciendo para prestarle atención a ella. En ese momento, tuve que diferenciar entre lo que era urgente y lo que era importante. Es algo que no siempre es fácil de hacer. Ha habido muchos momentos en los que he sido absorbido por lo urgente y he dejado que lo importante se me pase. Pausar para hablar con Lexi fue una ocasión en que hice lo correcto.

Lo importante es que, como padres, no estamos buscando ganar un trofeo. Más bien, nuestra tarea es desarrollar vínculos fuertes con nuestros hijos. Cuando nos interesamos de verdad, cumpliendo intencionadamente nuestra palabra y nuestras promesas, les mostramos a nuestros hijos cuánto valoramos tales conexiones. Cuando fallamos, podemos confesar nuestras faltas y pedirles perdón por lo demasiado ocupados que estamos y la facilidad con la que nos distraemos. De cualquier manera, tenemos una oportunidad de profundizar la comprensión de toda la familia de la misericordia, la gracia y de equilibrar lo urgente con lo importante.

Involúcrese

Otra manera de expresar intencionalidad es adentrarse en el mundo de sus hijos y llegar a ser parte de sus actividades e intereses. Sea un conector. Conéctese con sus hijos. Conecte a los miembros de la familia los unos con los otros. Busque o desarrolle intereses en común con sus hijos. Aprenda a disfrutar lo que les gusta. Si su hija participa en los deportes, trate de asistir a tantos partidos (o prácticas) como pueda. Si su hijo toca en la orquesta de la escuela, haga que sus conciertos y recitales sean eventos de máxima prioridad en las páginas de su calendario mensual. No tendrá una segunda oportunidad para asistir a un evento. Una vez que el momento ha pasado, queda en el pasado. Ya sea que lo admitan o no, los chicos se sienten amados cuando sus padres muestran interés en las cosas que les interesan a ellos. La mayoría de los hijos desean tiempo más que cosas y experiencias más que regalos.

Dedíquele tiempo a reír, a jugar con su hijo y a conocerlo. Escriba las cosas para recordarlas. A todos nos encanta que se nos tenga en cuenta y que nos conozcan genuinamente. Ayude a conectar a sus hijos con Dios, su Padre celestial y Salvador. Hay interminables puntos de conexión a lo largo de cada día.

Involúcrese en la vida de sus hijos, siendo un edificador con sus palabras. Dios puede usar sus palabras de maneras magníficas. Efesios 4:29 dice: «No empleen un lenguaje grosero ni ofensivo. Que todo lo que digan sea bueno y útil, a fin de que sus palabras resulten de estímulo para quienes las oigan». Las palabras que declara sobre la vida de sus hijos pueden edificarlos de maneras asombrosas. Usted puede moldear su carácter. Puede alejarlos de cosas dañinas y guiarlos hacia cosas buenas. Puede alentarlos a tomar sabias decisiones. Pero para elegir las mejores palabras y el mejor momento para decirlas, debe saber qué está ocurriendo en la vida y el corazón de sus hijos al estar involucrado en su vida diaria. Modele ser edificador de los demás por medio de palabras amorosas, constructivas, sinceras y alentadoras.

El involucramiento intencionado también incluye aprender el «lenguaje del amor» de su hijo y averiguar cómo usarlo a diario. En *Los cinco lenguajes del amor*, el Dr. Gary Chapman enseña que las personas reciben y comunican amor en una de cinco maneras principales: las palabras de afirmación, el tiempo de calidad, los regalos, los actos de servicio y el toque físico. Ser intencionado significa invertirle tiempo y esfuerzo a expresar su amor por sus hijos en términos que ellos puedan entender.

Por ejemplo, a mi hija, Lexi, le encanta el toque físico (cosquillitas, abrazos o, simplemente, estar sentada junto a mí) porque le ayuda a sentirse más conectada en lo emocional. Mi hijo, Alex, quiere que pase mucho tiempo de calidad con él, ya sea jugando baloncesto juntos, construyendo cosas de madera, levantando pesas o simplemente yendo a caminar. Mi rol como papá es organizar mi día de tal forma que tenga oportunidades de pausar en mi actividad para acercarme con amor a mis hijos y así influir en su vida. Recuerde, ellos en realidad se convierten en las personas a las que escuchan, y escuchan a aquellos con quienes tienen una relación cercana.

Establezca límites

Los chicos también anhelan límites congruentes. Sea intencionado en establecer límites para la tecnología. Ser intencionado en esta área puede ayudar a reducir los desastres relacionados con el entretenimiento en su hogar, incluso la oscura realidad de la pornografía. Ponerle filtros a las computadoras y a los dispositivos es un gran comienzo. Iniciar conversaciones frecuentes sobre las decisiones y las tentaciones del entretenimiento es aún mejor.

Enfoque a la Familia diseñó el sitio web Conectados (www.enfoquealafamilia.com/conectados/) con el propósito de crear intencionadamente información sobre la tecnología y el entretenimiento. En Conectados, puede leer con sus hijos críticas sobre videojuegos, música, libros, televisión y películas. Sus hijos se enfrentan a decisiones todos los días. Las

ACTIVIDAD

Personalizar Filipenses 4:8
¿Busca una manera de realzar la consciencia y la atención de su familia de las cosas buenas que tienen entre sí? Pruebe esta actividad sencilla. Reúnalos a todos alrededor de la mesa o en la sala y lean Filipenses 4:8. Entonces, asígnele a cada persona el nombre de otro miembro de la familia. Después de eso, tomen turnos para volver a leer el versículo e insertar el nombre de ese miembro de la familia en el texto: «Y ahora, amados hermanos, [...]. Concéntrense en todo lo que es verdadero de papá (o mamá, o David, o Jenny), todo lo honorable, todo lo justo, todo lo puro, todo lo bello y todo lo admirable». Es una manera excelente de redirigir las percepciones y las actitudes que le dan forma a las relaciones interpersonales dentro de su hogar.

decisiones que tomen dependerán de sus influencias. La pregunta es: ¿Serán influenciados por las redes sociales, la tecnología, los amigos, los maestros, las fuentes de noticias... o por usted?

CÓMO PERCIBIR LA DIFERENCIA

¿Está familiarizado con la famosa «Oración de la serenidad» de Reinhold Niebuhr? Las primeras cuatro líneas van así:

Señor, concédeme la serenidad
para aceptar aquello que no puedo cambiar,
el valor para cambiar lo que puedo
y la sabiduría para reconocer la diferencia[4].

Ser intencionado en la crianza se trata de reconocer esa diferencia. Mientras más viva y más experiencia tenga criando hijos, con más profundidad entenderá que hay bastantes cosas en este mundo —cosas de usted, de sus hijos y de las circunstancias en las que viven— que no se pueden controlar.

Ser intencionado implica identificar aquellas cosas que se pueden controlar y luego hacer algo al respecto. Se trata de elegir los valores que quiere enfatizar en su hogar y dar pasos deliberados —pinitos, si es necesario— para que se conviertan en el fundamento de la experiencia de su familia juntos.

LA INTENCIONALIDAD

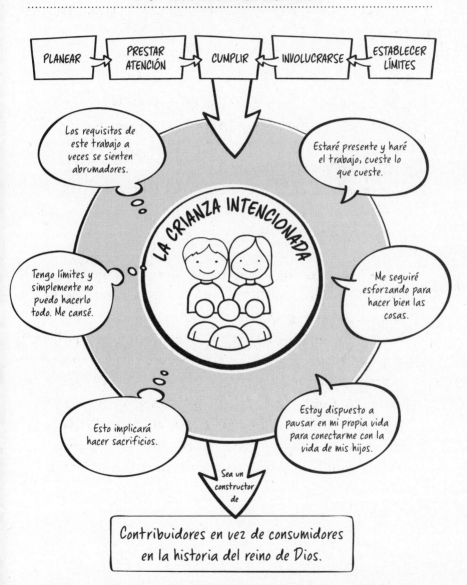

CAPÍTULO 5

EL AMOR INQUEBRANTABLE

*Y estoy convencido de que nada podrá jamás separarnos del amor
de Dios. Ni la muerte ni la vida, ni ángeles ni demonios, ni
nuestros temores de hoy ni nuestras preocupaciones de mañana.
Ni siquiera los poderes del infierno pueden separarnos del amor
de Dios. Ningún poder en las alturas ni en las profundidades, de
hecho, nada en toda la creación podrá jamás separarnos del amor
de Dios, que está revelado en Cristo Jesús nuestro Señor.*

—ROMANOS 8:38-39

*Ser amados por Dios es la relación más sublime,
el logro más alto y la posición más alta en la vida.*

—HENRY BLACKABY

¿QUÉ SIGNIFICA ser un padre amoroso?

- ¿Proveer comida, agua y techo?
- ¿Dar abrazos?
- ¿Pasar tiempo con sus hijos?
- ¿Amar a su cónyuge?
- ¿Comprarles cosas a sus hijos?
- ¿Jugar con sus hijos?
- ¿Escuchar a sus hijos?
- ¿Salir de viaje con su familia?

- ¿Reírse juntos?
- ¿Decirles a sus hijos que los ama?

En realidad, puede significar todas esas cosas y mucho más. El Family Research and Insight Lab (Laboratorio de investigación y perspicacia de la familia) de Enfoque a la Familia entrevistó hace poco a padres en cuanto a qué significa ser un padre amoroso. ¡Hubo docenas de respuestas! A decir verdad, *todo* lo que hacen los buenos padres por sus hijos está motivado por un amor profundo, inquebrantable y sacrificial que no se compara con ningún otro amor.

El amor de un padre puede parecer simple en la superficie, pero es mucho más complejo de lo que uno podría imaginar. Hay pocas relaciones con tanto potencial para el dolor, el sacrificio y el amor como la relación de padre e hijo.

Hace poco observé a mi hijo y a mi hija, y contemplé la increíble obra de Dios al crearlos. Le agradecí por darme la oportunidad de ser su padre y por participar en moldearlos como seres humanos. Me detuve para observar que son únicos y, aun así, tienen algunas similitudes con su mamá y conmigo. Contemplé el diseño de sus pensamientos, emociones, creencias, percepciones, experiencias, emprendimientos e intereses. Me impactó lo increíble y aleccionador que es que podemos contribuir, influenciar, y alentar a nuestros hijos conforme son moldeados, formados y liberados para servir al reino de Dios. Mis ojos se llenaron de lágrimas, y quedé asombrado y agradecido. *¡Tengo un hijo! ¡Tengo una hija!* pensé, *¡Soy un hombre rico!*

El amor es, en verdad, el pegamento que nos conecta en

un mundo imperfecto. Y comienza con el amor paternal: el amor de Dios por nosotros, nuestro amor por nuestros hijos. Mientras más quebrantamiento veamos en el mundo, más pegamento se necesitará.

Utilizando la ilustración del estado y la ciudad, el amor es:

- el material de construcción para una base firme en las estructuras de las ciudades
- la energía para construir ciudades y estados saludables y prósperos
- el material para construir, mantener y reparar calles y puentes entre las ciudades
- los focos que iluminan los monumentos de las ciudades
- las obras de arte y demás tesoros guardados en los museos de las ciudades
- llevado a las ciudades en un suministro interminable por los contribuidores, los influenciadores y los alentadores, y por el Arquitecto maestro.

Como padres, tenemos la oportunidad de ver y experimentar las profundidades del amor en acción. Tal es la clase de amor que puede cambiar al mundo. Pero comienza con nosotros. El verdadero e inquebrantable amor paternal cambia nuestra perspectiva y nos transforma en lo emocional, lo mental y lo espiritual.

UNA BASE DE AMOR

El amor inquebrantable es absolutamente fundamental en la crianza. La crianza comienza con el amor, y ese amor figura de manera prominente en los otros siete elementos indispensables para la crianza de los hijos.

LA ADAPTABILIDAD

El amor proporciona la perspicacia y la perspectiva para ser adaptables. Conlleva los ingredientes necesarios de paciencia, empatía y sabiduría para proveer lo que es necesario y único para cada niño conforme se le guía hacia el entendimiento de su identidad en Cristo. La adaptabilidad permite la colaboración entre los miembros de una familia. El amor significa que somos flexibles y capaces de ser creados en un ser nuevo, como barro en manos del alfarero.

EL RESPETO

El amor nos impulsa hacia una actitud respetuosa cuando con fidelidad y sinceridad nos adentramos en nuestro rol de padre y de cónyuge. Nos ayuda a ver el increíble valor de las relaciones que tenemos frente a nosotros. El amor inquebrantable le da forma a los lentes con los que vemos a nuestros hijos conforme aprendemos de ellos y los ayudamos a ir tras lo que Dios quiere para su vida. ¿Vemos a nuestros hijos como hijos de Dios? Esta perspectiva nos motivará a mostrar respeto cuando interactuamos con ellos.

LA INTENCIONALIDAD

La crianza intencionada llena de amor es genuina y vinculante. Ser intencionado es buscar el crecimiento espiritual y

Cableados para amar

Hablemos sobre los cambios que experimenta nuestro cerebro cuando llegamos a ser padres. Dios nos ha cableado para experimentar tales cambios. El cerebro de una madre comienza a cambiar en la concepción de su bebé. Se libera oxitocina, la hormona del vínculo afectivo que secreta nuestro cuerpo al apegarnos emocionalmente los unos con los otros.

El cerebro de la mamá cambia para responder más eficaz y atentamente a las necesidades del recién nacido. Los principales cambios del cerebro se centran en la memoria y la atención. El cerebro de una mamá puede llegar a estar más atento y en sintonía con el llanto y las expresiones faciales de su bebé. Su cerebro también puede llegar a ser más eficaz y especializado en las tareas asociadas al cuidado de un bebé/niño.

Dios básicamente ha cableado a una mamá para que desarrolle las herramientas psicológicas que la hacen una mamá atenta, sintonizada y eficaz. El desafío es aprender a usar bien las herramientas mientras se lidia con los hábitos anteriores, las emociones, el agotamiento, el estrés y las percepciones actuales.

El cerebro del papá también cambia, comenzando con el nacimiento de su hijo, dependiendo de la cantidad de tiempo que pase con su recién nacido. El cerebro del papá puede tener cambios similares al cerebro de la mamá. El cerebro del papá libera oxitocina, la hormona del vínculo afectivo, cuando pasa tiempo con sus hijos. Además, su cerebro puede tener crecimiento celular en las regiones relacionadas con la atención, la memoria y la navegación.

El cerebro del papá también puede disminuir el nivel de testosterona en el cuerpo mientras más tiempo pasa con su hijo y su familia. Una disminución de testosterona puede hacer que un hombre sea más cooperador y sensible. De hecho, algunos amigos me han preguntado por qué lloraban con más frecuencia viendo películas. Estos hombres tienden a pasar tanto tiempo como sea posible con sus hijos, familia y cónyuge. Ellos y su familia se están beneficiando de los cambios que Dios ha diseñado que ocurran.

la cercanía. Los padres pueden modelar el amor intencionado al darle prioridad a las relaciones personales con Dios y los demás y al facilitar las conversaciones continuas con Dios y con los demás en su vida diaria.

LOS LÍMITES

Los límites son necesarios para las relaciones. El amor reconoce y enseña el propósito de los límites. El amor inquebrantable provee los cimientos para unos límites fiables y significativos a través de la provisión de seguridad, confianza y relación.

LA GRACIA Y EL PERDÓN

El amor inquebrantable le da razón de existir a la gracia y al perdón. Dios es amor, y nos da incontables oportunidades de «borrón y cuenta nueva». El amor da la flexibilidad en una relación para que haya «borrón y cuenta nueva» en la conexión y la reconexión.

LA GRATITUD

Un padre amoroso es un padre agradecido. La gratitud es amar lo que se tiene en lugar de exigir lo que se quiere. La gratitud invita a la humildad que se necesita para tener una dependencia completa en Dios al criar a nuestros hijos. Mi amor inquebrantable por mis hijos alimenta mi gratitud por el tiempo que puedo estar con ellos. Estoy agradecido de ser padre. Me está transformando y me está llevando a profundidades de amor que nunca habría alcanzado si nunca hubiera tenido hijos.

LA PRIMERA VEZ

Mis hijos no lo recordarán, pero vaya que yo sí. Recuerdo la primera vez que cargué a cada uno. No me importó que tenía hambre y estaba cansado. Cargar a mis hijos por primera vez fue como ninguna otra experiencia antes o después. Fue como si se accionara un interruptor, y un vínculo como ningún otro comenzó a crecer.

Visualizo el amor que había experimentado hasta el momento de ser papá como la tierra que se prepara para que una semilla crezca. La tierra se había nutrido y las semillas fueron capaces de echar raíces por cómo mis padres me habían amado. El amor de mis padres por mí fue sacrificial. Mi papá tuvo tres trabajos cuando yo tenía unos nueve años para que pudiéramos vivir en los Estados Unidos. Mi mamá trabajó largas horas como maestra. Los dos nos llevaron fielmente a la iglesia. Hubiera sido mucho más cómodo para mi papá seguir en un puesto ejecutivo en México, pero mi mamá y mi papá decidieron que el sacrificio por nuestro bienestar espiritual valía bien la pena al mudarnos a Colorado Springs. Mis padres tuvieron muchos momentos de imperfección, como todos nosotros, pero proveyeron una base de amor inquebrantable para nuestro hogar.

Recuerdo que sentí un amor abrumador por mis hijos al cargarlos y cuidarlos. Las bases del amor que había experimentado establecieron el fundamento para mi amor por mis hijos.

Entiendo que no todos han recibido amor sacrificial al crecer. Algunos tienen tierra que está seca y carece de los nutrientes que se necesitan para que las semillas crezcan. En tales casos, el amor no es automático y puede estar desequilibrado. Es importante entender el impacto que eso puede tener en las habilidades de las personas para amar por naturaleza y desarrollarse en su amor por sus hijos. La verdad es que todos estamos quebrantados de una u otra forma. Ninguno de nosotros ha sido amado de manera perfecta, y ninguno de nosotros ama de manera perfecta. Aun así, Dios está lleno de gracia. Y a través de su restauración y amor, todos podemos aprender a amar a los demás de maneras saludables.

LAS CUATRO ETAPAS DEL AMOR

Hay cuatro etapas por las que pasa la gente a lo largo de la vida al madurar hacia la forma suprema del amor inquebrantable, profundamente arraigado y de «nivel ninja» en la crianza[1].

PRIMERA ETAPA: Me amo por mí

Me amo por mí

Esto comienza cuando nacemos. Amamos por supervivencia. Lloramos, gritamos, chillamos y golpeamos para obtener lo que necesitamos. Vaya que buscamos nuestras propias necesidades en esa etapa.

Desafortunadamente, algunos adultos se atascan aquí y no maduran de verdad. Lo más seguro es que nunca recibieron el amor que necesitaban para avanzar a la siguiente etapa.

Aman por sus propias necesidades y no por querer amar a los demás o por preocuparse por el bienestar de los demás. Su amor es por supervivencia. Aquellos son individuos que o abandonan a su familia o están involucrados en adicciones severas, en abuso o en violencia doméstica. Tienden a ser reactivos y a estar desconectados como adultos. Solo les preocupa estar en su propia ciudad y no les preocupa ni interesa la conexión. Solo les interesa escapar, controlar o estar solos.

Te amo por mí

Los niños pequeños comienzan a exhibir esto al darse cuenta de quién les brinda consuelo, conexión, seguridad, amor y entretenimiento. Aman a las personas que los cuidan.

Algunos adultos se atascan en esta etapa y siguen amando a los demás por sus propias necesidades y beneficio. Esto se puede observar en padres que les gritan a sus hijos que se desempeñen mejor. En este caso, el padre tiene la sensación de temor de que se verá mal si su hijo fracasa o tiene un mal desempeño. Otra forma en la que esto se lleva a cabo es provocando un sentimiento de culpa en alguien más. El padre podría decirle al hijo: «No pasas suficiente tiempo conmigo, así que me siento triste y deprimido». Se responsabiliza al niño por las emociones del padre, lo cual es similar a un niño pequeño que culpa a los demás por sus emociones. En el extremo están los narcisistas que tienden a amar a los demás por beneficio propio. Culpan a otros si hay problemas o decepciones. Este nivel es como una ciudad que constantemente consume y recibe sin visitar o siquiera percatarse de otras ciudades, y mucho menos desarrolla conexiones de doble vía con ellas.

Te amo por ti

Puede que aprendamos esto en un inicio durante nuestros años preescolares al interactuar con otros en cooperación y con autocontrol. Este es el amor sacrificial. Es el amor que busca lo mejor para el otro. Como adultos, esta puede ser una clase de amor respetuoso y altruista. Puedo decir que muchas mamás encajarían en esta categoría.

Todavía puedo recordar unas cuantas ocasiones en las que mi mamá nos dijo: «Nadie aprecia el trabajo que hago. Todos pueden hacerse su propia comida. Voy a dormir y a descansar todo el día». Ella sin duda estaba triste, un poco deprimida y molesta. Por lo general, salía de la nada. Ella era maestra, voluntaria en la iglesia, amiga, esposa y mamá, y se agotaba sin que ninguno de nosotros lo supiera o se diera cuenta de que estaba llegando a ese punto.

Hay mamás y papás que están agotados por completo y sienten que lo han dado todo, y terminan desconectándose por resentimiento o agotamiento. Sirven y dan hasta que se resecan como una pasa si no se cuidan a sí mismos. Este tercer nivel es como una ciudad que constantemente observa, edifica o se conecta con otras ciudades y, en el proceso, descuida severamente sus propias necesidades.

CUARTA ETAPA

ME AMO POR TI

Me amo por ti

Esta etapa implica amarse bien a uno mismo, tal como lo hizo Jesús durante su ministerio. Implica recargarse para amar completa, atenta y sabiamente. Significa hacer lo que sea necesario para cuidarse a uno mismo como orar, pasar tiempo en las Escrituras, descansar, comer bien, hacer ejercicio y disfrutar del compañerismo con los demás. Con esta clase de amor, el individuo se cuida a sí mismo con el fin de llegar a ser un regalo para los demás. Y cuanto mejor cuidemos de nosotros mismos, mejor será nuestra dedicación y receptividad a nuestros hijos.

Este cuarto nivel es como una ciudad que se prepara para los visitantes. La ciudad se interesa genuinamente en las experiencias de los visitantes y quiere tener en cuenta, edificar y conectarse con otras ciudades. La ciudad ama a su propia ciudad y quiere que otros sean parte de la construcción continua y la prosperidad de la ciudad. Al mismo tiempo, quiere que las ciudades vecinas prosperen también.

Usted tiene el privilegio de en verdad influenciar,

contribuir y alentar a sus hijos a lo largo del camino mientras ellos descubren lo que Dios quiso que fueran. Es importante no tratar de calcarse a usted mismo. Nada más hay lugar para un usted en este universo. Su hijo tiene que ser quien Dios quiso que fuera.

LA PROVISIÓN

Las familias están compuestas de personas imperfectas que tratan de vivir la vida juntas día a día. Esto deja muchas oportunidades para que el amor brille. Creo que el amor inquebrantable en la crianza tiene que ver por completo con la provisión. Hay cinco elementos esenciales que los padres les proveen a sus hijos: necesidades básicas, relación, límites, dirección e identidad.

Hay una relación interesante entre estos cinco elementos esenciales que se ilustra en el diagrama de la pirámide a continuación.

Los dos primeros elementos esenciales, necesidades básicas y relación, desarrollan una base de confianza en nuestros hijos. Esta base les da seguridad a sus hijos mientras siguen adelante hacia los límites, la dirección y, luego, la identidad. Exploremos estos cinco elementos esenciales con más detalle.

1. Necesidades básicas

Los padres amorosos proveen para las necesidades básicas de sus hijos. Los infantes necesitan comida, eructar, dormir, cambio de pañales, afecto, protección y seguridad. Conforme los padres proveen esto constantemente como respuesta a la necesidad del infante, los padres edifican la base de la confianza en la relación. Por supuesto, los padres tardan un poco en dominar la interpretación de los llantos de su hijo. Pero, con el tiempo, los padres y los infantes aprenden a entenderse los unos a los otros y a encontrar el ritmo de cuidado que les funciona. El infante aprende que puede contar con el padre para que le provea lo que necesita. Eso crea un vínculo inicial entre el infante y el padre.

Esta clase de desarrollo de la confianza también puede ocurrir con los hijos mayores al inicio de una familia mixta conforme los niños aprenden que pueden contar con que el nuevo padrastro o la nueva madrastra proveerá para sus necesidades.

Me encanta ver a los padres proveer el primer nivel de

amor. A muchos niños ni siquiera les suplen sus necesidades básicas, lo cual me parte el corazón.

2. Relación

Suplir las necesidades básicas de sus hijos provee la base necesaria para desarrollar una relación. Los padres amorosos desarrollan una relación con sus hijos. En nuestro vecindario, hay un papá que a veces veo afuera con sus hijos. Me encanta ver cómo interactúa con sus dos hijas y su hijo. Lo he visto jugar baloncesto con sus hijos, jugar con toda la familia una versión de béisbol con una pelota *wiffle* en su jardín delantero, practicar lucha libre y jugar fútbol americano con su hijo menor, y dedicarle tiempo a entrenar y a guiar a sus hijos en los deportes que eligen. A veces tiene que viajar por el trabajo, pero cuando está en casa, está de lleno. Parece que lleva su mejor juego a casa con solo estar presente y relacionarse con sus hijos, y saber quiénes son y cuáles son sus intereses.

Un día, el papá y su hijo menor estaban juntos en el jardín delantero. El papá estaba ocupado con tareas de jardinería, mientras que el hijo estaba muy molesto por algo. El niño se acercó a su papá, y el papá dejó lo que estaba haciendo para cambiar su enfoque de manera intencionada. Se arrodilló, miró al niño y le dijo unas cuantas palabras. El intercambio se vio genuino, gentil, consolador y tranquilizador. El niño se relajó, el papá lo abrazó y los dos volvieron a hacer lo que habían estado haciendo. Si el papá solo le hubiera dicho: «Ya basta», ambos se hubieran perdido de una oportunidad importante de comprensión y conexión. Él se conectó con su hijo y fortaleció la autopista entre ellos. Este padre y sus hijos demuestran un nivel profundo de confianza y conexión que proviene del tiempo que el padre ha dedicado al desarrollo de la relación con ellos.

Esta clase de desarrollo de la relación es fundamental, y afectará a los niños y a la manera en que formen relaciones con otros por el resto de su vida.

Cuando padres e hijos interactúan, forman conexiones los unos con los otros que los profesionales de la salud mental describen como apegos. Los investigadores han identificado cuatro tipos de apego: seguro, inseguro, evasivo y desorganizado[2]. Estos distintos estilos de apego se caracterizan por la cantidad de conectividad emocional y de confianza entre dos personas.

He aquí breves descripciones de qué piensan y sienten los niños en cuanto a sus conexiones con sus padres en cada uno de los cuatro tipos de apego:

- *Apego seguro:* Confío en ti. Sé que te preocupas por mí. Reconozco que las personas son imperfectas en su amor. Pero sé que estás haciendo tu mejor esfuerzo con lo que sabes y tienes. Si te vas, estaré bien. Aún puedo amar, incluso cuando tienes problemas. Entiendo que podrías ser capaz de amarme o quizás no, pero yo estaré bien.

- *Apego inseguro:* No estoy seguro de si siempre me amas. Necesito aferrarme a ti porque podría perderte. No puedo estar solo porque significa que no soy amado. No me dejes. Me preocupa que si me equivoco o si

ACTIVIDAD

Haga que cada día cuente

En Enfoque a la Familia creemos que hay cinco maneras sencillas de hacer que cada día cuente en su relación con sus hijos:

LA CENA

Haga todo lo posible para tener, por lo menos, una comida juntos al día. La cena le funciona mejor a la mayoría de las familias. Nuestra familia también trata de apartar por lo menos diez minutos para desayunar juntos en los días escolares. La vida es ajetreada, pero todos tenemos que comer. Las comidas presentan oportunidades para conexión y reabastecimiento (en lo mental, lo emocional, lo físico y lo espiritual).

LA RISA

Busquen cosas de las cuales reírse. Es fácil que la vida se ponga seria. La risa en verdad es una gran medicina y un gran conector. De hecho, los estudios apoyan el hecho de que la risa es un comportamiento de apego[3]. Nos ayuda a acercarnos. En línea o en nuestras dos revistas en inglés para niños (*Focus on the Family Clubhouse Jr.* para los niños más pequeños y *Focus on the Family Clubhouse* para niños de ocho a doce años de edad), usted puede buscar chistes geniales y puros para causar risa.

LA ORACIÓN

Orar por y con cada uno lleva a la consciencia, al interés y a la compasión de los unos por los otros. La oración alinea nuestra mente en armonía con Dios y nos da oportunidades de cercanía, intimidad, disposición y vínculos los unos con los otros. Dios está listo para hablar en cualquier momento. Él desea la unidad y quiere darnos dirección a lo largo del camino. Busque tiempos frecuentes para orar juntos.

EL TIEMPO

Los años de crianza se van como agua, y son bastante ajetreados. Asegúrese de pasar tiempo juntos. Pasar tiempo juntos promueve un apego saludable. Cómo pasa su tiempo deja ver sus prioridades. Todos perdemos el tiempo, todos nos distraemos y todos necesitamos recordatorios. Es difícil, en especial cuando la tecnología crea conversaciones continuas e interminables que interfieren con las interacciones y los momentos cara a cara. Esto requiere intención y atención a nivel ninja.

LA CONVERSACIÓN

La conversación no siempre fluye. Mientras más conozca a su hijo y haga los otros cuatro ejercicios para hacer que cada día cuente, más probable es que usted tenga cosas de qué hablar. He trabajado con muchos papás e hijos que dicen que les encantaría tener más conversaciones frecuentes y significativas, pero no saben de qué hablar. Busque algo que puedan disfrutar juntos. Busque cosas e intereses en común. Présteles atención a los intereses, las actividades y los sueños de los demás. Esfuércese por tener conversaciones con atención ininterrumpida. De verdad ser escuchado hace que uno se sienta importante y amado.

decepciono a las personas, no me amarán. Si me dejas, no estaré bien. No te vayas, por favor. Si te quedas, estaré bien.

- *Apego evasivo.* No siempre te necesito, pero podrías serme útil algunas veces. Podrías lastimarme, así que permanece lejos a menos que te necesite. Puedo hacer las cosas solo. No puedo recordar nada doloroso en mi pasado y los demás no me pueden hacer daño. Si te vas, estaré bien porque en realidad no necesito a nadie para sobrevivir.

- *Apego desorganizado.* Me lastimas, pero todavía quiero estar contigo algunas veces. Aléjate, pero no te vayas. Quiero estar contigo, pero me asustas y no puedo confiar en ti. Estoy confundido. Quiero estar contigo y no sé por qué. No eres seguro y me lastimas. Te odio y te amo.

La meta es desarrollar apegos seguros en nuestros hijos. Puede hacer eso siendo alguien que *se da cuenta, edifica* y *conecta* en la vida de su hijo. Desarrollar una relación amorosa y confiada con su hijo requiere tiempo, intención y amor. Es muy posible desarrollar apego seguro con sus hijos, incluso si ha tenido otros tipos de apego en su propia vida. Requerirá un poco de tiempo de reflexión de su parte. Investigue cada tipo de apego con más profundidad para determinar cuál ha sido su experiencia a lo largo del camino. Considere con mucha gracia y perdón cómo su relación con sus padres ha afectado su habilidad de apegarse como padre. Considere detenidamente qué prácticas le gustaría llevar a su crianza y qué prácticas preferiría evitar.

3. Límites

Los dos primeros niveles de la pirámide de provisión, necesidades básicas y relación, desarrollan confianza entre los niños y los padres. El niño aprende a confiar en el padre y a relacionarse con los demás. Esta confianza le da al niño seguridad y una disposición hacia los límites. Estos dos niveles tienen que atenderse primero, en los primeros años de vida. En los dos niveles siguientes de la pirámide, los padres amorosos edifican sobre esa confianza. Los padres les proveen dirección a sus hijos cuando comienzan a participar en el mundo y a encontrar su lugar en él. Los padres ayudan a sus hijos a saber a qué decirle que no (límites) y a qué decirle que sí (dirección). Hablemos más de los límites.

Los límites que se han establecido con amor les proveen a los niños cercas tranquilizadoras que les ofrecen estructura, seguridad y libertad de las trampas de las tentaciones y del pecado. Mientras más aprenden los niños los límites saludables, son más capaces de desarrollar una dirección clara y constante en su vida y de sentirse seguros. Esto los ayuda a llegar a ser contribuidores en el reino de Dios en vez de consumidores. Los consumidores son controlados por «¿En qué me beneficia?» y «Esto es injusto». A los contribuidores los motiva la oportunidad de dar de sí, y son mucho más adaptables y sensibles a los deseos espirituales y la dirección.

Tú y yo juntos, en definitiva, para siempre

Hace varios años, mi esposa y yo vimos una película en la que los personajes usaron la frase: «Tú y yo juntos para siempre». Yo le dije: «Oye, digámoslo con nuestros hijos porque estaremos juntos para siempre en el cielo». Así que comenzamos a decirlo, y llegó a ser parte de nuestra cultura familiar.

Un día, mi hija de siete años me trajo un brazalete de silicón y me dijo: «Papá, tienes que usar esto hasta que mueras». Desafortunadamente, el brazalete no me quedó, así que retorcí el brazalete e hice un anillo para dos de mis dedos. Su rostro se iluminó y decidimos que podía ser un anillo que simbolizara que estaremos juntos para siempre.

Ella me preguntó si había anillos como ese que los papás pudieran comprar para usarlos como recordatorios

Proveer límites es en verdad algo amoroso que hacer porque los límites ayudan a sus hijos a saber cómo andar en la vida. Nuestra vida necesita límites en varias áreas:

- *El tiempo:* ¿En qué estamos involucrados? ¿A qué le dedicamos nuestro tiempo? ¿Cómo ayudamos a nuestros hijos a tomar decisiones sabias con su tiempo?

- *Las relaciones:* ¿Con quién pasamos tiempo? ¿Cómo tratamos a los demás? ¿Cómo permitimos que nos traten los demás? ¿Cómo mantenemos las relaciones?

- *Las decisiones:* ¿Cómo es nuestra toma de decisiones? ¿Invitamos a Dios al proceso? ¿Consideramos la inversión de tiempo y dinero al tomar decisiones?

- *El espacio:* ¿Cuándo necesitamos descanso? ¿Le dedicamos tiempo a estar con personas y a descansar y estar solos? ¿Tenemos un lugar que es nuestro? ¿Cómo les enseñamos a los niños a respetar el espacio de las personas en lo físico y en lo emocional?

- *Las expectativas:* ¿Qué esperamos de los demás? ¿Qué se espera de nosotros? ¿Qué aprenden nuestros hijos de cómo lidiamos con las expectativas?

- *Las demandas:* ¿Qué demandas hay para nuestro tiempo, nuestros talentos y nuestra atención? ¿Qué demandas de tiempo, talentos y atención les hacemos a los demás?

- *La moralidad:* ¿Qué creemos que es bueno y malo? ¿Modelamos límites basados en las Escrituras? ¿Qué límites son necesarios mientras se desarrolla y acrecenta una brújula moral en nuestros hijos?

Esta no es una lista detallada, pero le da la idea de que los límites van más

de estar juntos para siempre con sus hijas. Lo investigué y le dije que no. Decidió que teníamos que hacerlos. Me reí, pero ella iba en serio. Eso comenzó toda una aventura para nosotros en la que tracé las especificaciones de un anillo de silicón para dos dedos con un nudo en el medio. Mi familia se divirtió mucho diseñando los anillos y elaborándolos. Sigo usando los anillos, y a menudo me preguntan sobre ellos.

Busque algo que puedan usar o crear o hacer juntos que simbolice la realidad de que su relación puede durar por la eternidad. No tienen que usar anillos. Mis hijos y yo también tenemos un gesto con la mano que podemos hacer desde cierta distancia para recordarnos que estaremos juntos, *en definitiva,* para siempre, dada la promesa de Dios de una eternidad juntos con él. Usted puede proveer alguna clase de recordatorio como un apretón de manos, una expresión facial, una nota o una frase que sirva como recordatorio de una eternidad juntos *pase lo que pase.*

allá de la disciplina y la corrección. También tienen que ver con una sabia toma de decisiones y con el discernimiento. Es elegir entre ideas y prácticas que o nos benefician o nos hacen daño.

Usar la ilustración del estado, la ciudad y las calles nos facilita ver la necesidad de los límites. El estado, cada ciudad y las calles necesitan límites apropiados para que todo funcione sin caos y para proveer libertad.

En nuestra vida, tener límites no se trata de crear felicidad, sino de demostrar respeto y amor los unos por los otros. Tener límites nos ayuda a crecer y a llegar a ser las personas que Dios quiere que seamos.

4. Dirección

Si usted ha atendido las necesidades básicas de su hijo, se ha conectado a través de una inversión en la relación y ha provisto límites, su hijo estará listo para la dirección y la guía significativa de su parte. Este paso lleva a los padres a un amor inquebrantable más profundo por sus hijos. Implica explorar y desarrollar una visión de vida, una misión, el entendimiento espiritual y el enfoque. Sin embargo, para hacerlo, ayuda que usted esté abierto a la imperfección y al fracaso. Me refiero a que los niños necesitan que se les guíe con gracia y teniendo una relación a través de las preguntas, los errores y los momentos difíciles de la vida. Sus hijos pasarán por bastantes momentos de debilidad, fracaso y dificultad. Paciente e intencionadamente, influya en ellos, aliéntelos y contribuya en su búsqueda de respuestas y dirección.

Algunos de mis mayores momentos de crecimiento han sido cuando fallé, tomé malas decisiones y pasé por momentos difíciles porque tenía que o desmoronarme o ser más fuerte. La manera en la que mis padres manejaron las tres secciones de la parte inferior de la pirámide de provisión me ayudó a tener la base para recibir dirección significativa de ellos durante esos tiempos difíciles y confusos.

Puede ser tentador rescatar a nuestros hijos en sus momentos difíciles. Pero por muy difícil que sea, no es útil proteger a nuestros hijos del fracaso, el dolor, las dificultades y las pruebas. Esta etapa es necesaria en la preparación para llegar a la punta de la pirámide, la cual es entender nuestra identidad en Cristo y nuestra dependencia suprema en su amor inquebrantable y eterno. Tenemos que esforzarnos por ayudar a nuestros hijos a perseverar en lo que experimentan el amor inquebrantable, encuentran propósito y adquieren resiliencia.

Recuerdo el viaje de padre e hijo al desierto de Ansel Adams que hice con mi hijo hace un par de años. Disfrutamos unos cuantos días de conexión, reflexión y dirección con otros participantes, con los guías y con Dios. Fue una aventura poderosa con mi hijo. Una de las actividades incluía usar un mapa y una brújula para encontrar el camino hacia un lago gélido junto con otros papás e hijos. En el mapa se veía directo y fácil, pero en medio de la expedición y la experiencia, fue otra historia por completo. Estábamos confundidos, perdidos y con necesidad de redirección constante mientras nos desviábamos de la trayectoria hacia el destino.

Actividad de ajedrez

Juegue dos partidos de ajedrez con su hijo. Jueguen uno con reglas y otro sin reglas. Comparen los juegos. Pregúntele a su hijo cuál fue más divertido jugar. Hablen de por qué importan las reglas. He aquí algunas preguntas a considerar:

Sin reglas, ¿cómo sabe uno que los participantes han jugado justamente? Sin reglas, ¿cómo se resuelven los desacuerdos entre los jugadores? Sin reglas, ¿cómo se sabe quién ganó el juego?

Lea Jueces 21:25 con su hijo y conversen sobre lo que pasa cuando no hay límites definidos. ¡Es un desastre! No tener límites en la vida crea caos y promueve el egoísmo. Los límites saludables y basados en la Biblia proveen e invitan el respeto en la relación.

Lo mismo es cierto de la vida. Guiar nuestra vida hacia un destino parece estar claro hasta que en realidad nos encontramos en ello. Leemos las Escrituras y tenemos buenas intenciones hasta que la vida nos salpica en la cara. Experimentar esta aventura con un grupo de papás fue una excelente ilustración para mí mientras acompaño a mi hijo. Me imagino a Dios como el guía supremo con quien necesito conectarme a lo largo del camino en lo que mi hijo y yo buscamos encontrar y seguir su camino. Sin embargo, para que el viaje vaya bien, necesitaremos provisiones básicas, relación y límites. Nos beneficiaremos de la confianza, la relación, la seguridad, la conectividad y la redirección en nuestra búsqueda de una clara trayectoria.

Hay unas cuantas cosas que puede hacer para ayudar a proveerles dirección a sus hijos.

Ore con fidelidad

Como familia, tómense el tiempo de escuchar a Dios. Discutan la idea de estar sedientos por Dios y de llevarle sus necesidades y preocupaciones a él, con confianza, en lugar de estar ansiosos. Provea el tiempo necesario para que los miembros de la familia oren individualmente. Reúnanse después de unos minutos, y dele a quienquiera que lo desee la oportunidad de compartir lo que Dios le está diciendo. Quizás usted desee escribir las ideas de su familia. Yo tengo un cuaderno para escuchar, el cual es un diario pequeño que uso para escribir las cosas que Dios podría estar diciéndome. Es útil para revisar estas ideas con frecuencia.

Escríbales notas a sus hijos

Las notas pueden ser citas inspiradoras, chistes, palabras de aliento o de amor, u observaciones sobre quién quiere Dios que sean. Estas notas también podrían ser una imagen que ilustre un pensamiento o tan solo un simple recordatorio de amor. Los recordatorios de amor genuino son como un vaso de agua refrescante en un día de calor abrasador.

Modele hacer preguntas reflexivas

Ayude a sus hijos a aprender a ver hacia adentro y no hacia afuera. Esto les da a sus hijos la sabiduría que viene de entenderse a sí mismos. Los ayudará a oír la voz de Dios en lugar de ser desviados por la multitud. Pueden hacerse estas preguntas los unos a los otros:

- ¿Con quién me comparo y por qué?
- ¿Qué me hace enojar? ¿Qué me hace feliz? ¿Qué me pone triste?
- ¿Qué me importa y por qué?

- ¿Cuál es mi cualidad más vivificante?
- ¿Qué me da una sensación de satisfacción y por qué?
- ¿Qué está haciendo Dios en mi vida?
- ¿Qué me da una sensación de seguridad y autoestima?
- ¿Me siento solo? ¿Por qué?
- ¿Qué me hace sentir estresado? ¿Cómo manejo el estrés?
- ¿Cuáles han sido algunos de mis días favoritos y menos favoritos en mi vida hasta la fecha?

Sirva a otros, y hable del don de servir a otros

Discuta los muchos versículos de la Biblia sobre «los unos por los otros» en las Escrituras. He aquí algunos sobre el amor:

- Vivan en paz unos con otros (Marcos 9:50).
- Ámense unos a otros (Juan 13:34; 15:12; 1 Tesalonicenses 3:12; 4:9; 1 Pedro 1:22; 1 Juan 3:11; 4:7).
- Sírvanse unos a otros por amor (Gálatas 5:13).
- Dedíquense los unos a los otros en amor (Romanos 12:10).
- Tolérense las faltas por amor (Efesios 4:2).

Escriban una declaración de la misión de la familia

Puede que esto no sea para todos, pero sin duda es efectivo cuando se implementa bien. Una declaración de la misión podría ser tan sencilla como: *Desarrollaremos confianza, dirección y propósito en nuestro hogar a través de relaciones inquebrantables y amorosas con Dios, y los unos con los otros, para servir juntos libre y efectivamente en el reino de Dios.*

Al buscar dirección en nuestra vida y conquistar la adversidad, aprendemos sobre el propósito y la identidad. Aprendemos sobre nosotros mismos a través de nuestras relaciones: ¿Quién quiere Dios que sea yo? ¿Quién ha dicho Dios que soy para él? Usted tiene el privilegio de acompañar a sus hijos en lo que descubren quiénes deben ser y con qué propósito.

5. Identidad

Los cuatro niveles anteriores sirven como base para desarrollar un saludable sentido de identidad como hijos amados de Dios. Creo que muchos niños se sienten vacíos hoy en día. Necesitan desesperadamente saber que son amados profundamente y que su vida tiene un diseño y propósito únicos. Es por eso que es tan importante que los padres comprendan que su trabajo de amar inquebrantablemente a sus hijos tiene una meta suprema. Cuando los niveles más bajos de la pirámide se completan y el punto final de la pirámide toma forma, su hijo estará obteniendo un entendimiento de lo que significa ser hijo de Dios para él o ella en particular. Su hijo estará descubriendo cuál es su diseño y propósito únicos en el reino de Dios. En eso culmina todo lo que hacemos como padres amorosos.

El amor en la crianza es mejor cuando está estructurado según cómo nos ama nuestro Abba Padre. Semejante amor es inquebrantable en vez de condicional. Esa clase de amor crea la realización que anhelan los niños y no encuentran en nuestra cultura. Se nota lo ausentes que están la confianza genuina, la dirección significativa y el propósito duradero en

ACTIVIDAD

Máscaras

Converse con su hijo sobre la idea de que todos usamos máscaras que esconden nuestra verdadera identidad. Explíquele que, a menudo, los demás no nos ven como somos en realidad. Nos malentienden o no logran llegar a conocernos auténticamente. Hablen de cómo las expectativas de los demás y nuestros propios temores pueden hacer que usemos máscaras de autoprotección. Son para representarnos ante los demás de manera distinta a lo que somos en realidad. Invite a su hijo a compartir cómo ha experimentado esto en su propia vida.

Luego, para representar esta idea, pídale a su hijo que haga una máscara lo más bella posible, utilizando cualquier material que tenga a la mano. Pídale a su hijo que escriba sobre la máscara, o en una hoja de papel, cómo lo ven los demás de maneras que no son ciertas.

Entonces explore lo que Dios dice sobre su hijo en las Escrituras:

Juan 15:15: *Por medio de Cristo, somos amigos de Dios.*

Romanos 8:17: *Por medio de Cristo, somos herederos de Dios.*

Romanos 8:38-39: *Absolutamente nada puede separarnos del amor de Dios.*

2 Corintios 5:17: *Por medio de Cristo, somos una nueva creación.*

Gálatas 3:26: *Por medio de Cristo, somos hijos de Dios.*

Efesios 1:5-6: *Por medio de Cristo, somos adoptados en la familia de Dios.*

Efesios 2:10: *Somos la obra maestra de Dios, creados por él para hacer las buenas obras que él ya nos ha preparado.*

1 Pedro 1:18-19: *Por medio de Cristo, fuimos rescatados.*

1 Pedro 2:9: *Somos un sacerdocio real, un pueblo para su exclusiva posesión.*

Pídale a su hijo que haga un marco para fotos, utilizando materiales que tenga a la mano. Escriban versículos y mensajes en el marco sobre lo que Dios dice que somos como parte de su familia y reino. El marco representa nuestra identidad en el reino de Dios. Él nos ha formado y sigue edificándonos como sus hijos. Él es quien está revelando la foto de nuestra verdadera identidad. Podemos escondernos detrás de nuestras máscaras, o podemos adoptar paciente y sinceramente la obra maestra que Dios sigue haciendo de nosotros mientras somos perfeccionados en él. Recuerde, todos estamos en proceso de construcción y tenemos que vivir en relaciones auténticas de «los unos por los otros». Ese es el diseño de Dios.

Hagan una fogata juntos en un brasero. Hablen de la máscara y del marco para fotos que hizo su hijo. Decidan juntos cuál irá al fuego. Si su hijo pasó mucho tiempo con su máscara, es muy probable que vacile, ¡lo cual está muy bien! Lo mismo es cierto cuando se trata de nuestro intento de crear y mantener nuestra propia identidad. Fuimos diseñados para servir y para amar a través de quiénes somos y lo que hacemos.

la estructura de la sociedad de hoy en día. Y es demasiado común que los hogares cristianos se conformen al mundo en esta área. Dicho de otra manera, tenemos una deficiencia de amor inquebrantable en nuestros hogares. ¡Reintroduzcamos nuestra identidad como hijos de Dios con una rica herencia en Cristo!

DE GENERACIÓN EN GENERACIÓN

Ser padre ha puesto a prueba los límites de mi energía, paciencia, amor, preocupación, dependencia en Dios, ocupaciones y atención. En Deuteronomio 6 y 11 y en el Salmo 78, Dios deja claro que demostramos amor como padres al transmitir sus enseñanzas, mandamientos y amor de generación en generación. Parte de nuestro papel como padres es presentarles a nuestros hijos a un Dios amoroso que quiere liberarlos de la atracción, el control y las consecuencias del pecado. Dios se interesa profundamente por sus hijos, e ilustró la economía suprema del amor inquebrantable y profundo: el sacrificio, el dolor, el sufrimiento y la muerte por alguien más. Dios provee —y a nosotros nos toca ser partícipes de las alegrías y las presiones de la provisión para nuestros hijos— un amor inquebrantable.

EL AMOR INQUEBRANTABLE

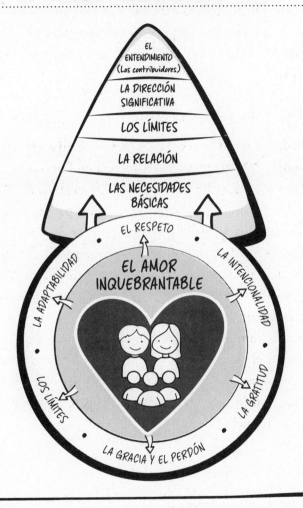

EL ENTENDIMIENTO
(Los contribuidores)

LA DIRECCIÓN SIGNIFICATIVA

LOS LÍMITES

LA RELACIÓN

LAS NECESIDADES BÁSICAS

EL RESPETO

EL AMOR INQUEBRANTABLE

LA ADAPTABILIDAD

LA INTENCIONALIDAD

LOS LÍMITES

LA GRATITUD

LA GRACIA Y EL PERDÓN

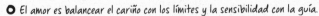

IDEA CLAVE

○ El amor es balancear el cariño con los límites y la sensibilidad con la guía.

○ La forma suprema de amor inquebrantable incluye cuidarnos a nosotros mismos para que podamos ser un regalo para otros.

○ Llegar a ser padres nos transforma a un nivel biológico. Tanto nuestro cerebro como nuestra forma de ver al mundo comienzan a cambiar.

CAPÍTULO 6

LOS LÍMITES

Se obtiene lo que se tolera.

—HENRY CLOUD

¿Cómo puede un joven mantenerse puro?
Obedeciendo tu palabra.

—SALMO 119:9

HACE VARIOS AÑOS, cuando nuestra casa estaba en construcción, mi esposa y yo caminamos por el terreno y observamos la propiedad que habíamos comprado. Las estacas del terreno eran los marcadores iniciales de las líneas limítrofes. Conforme la casa se construía y se desarrollaba el paisajismo, varios límites se marcaron y establecieron a lo largo del camino. Cada habitación tenía paredes, ventanas y puertas para establecer límites dentro de la casa.

En nuestro patio, instalamos bordes para evitar que el césped entrara en los arriates de flores con mantillo, y construimos arriates elevados para contener los arbustos de frambuesa y evitar que hubiera piedras en el huerto. También instalamos una cerca alrededor de todo nuestro jardín trasero para mantener adentro a nuestros perros pequeños y a los niños, y para evitar que desconocidos entraran a nuestro jardín sin ser invitados.

Todos esos límites de nuestro hogar y propiedad tenían varios propósitos. En cada área, esas líneas limítrofes mantenían aquello que pertenecía dentro del límite y aquello que no pertenecía fuera del límite. Las líneas limítrofes también definían el propósito de un área en particular. Los arriates elevados eran para frambuesas y flores, y no se permitía a los perros allí. Los límites que establecimos para nuestra propiedad realzaban la seguridad, el orden, la belleza, el placer y la funcionalidad.

De manera similar, los límites en la vida le proveen estructura a nuestro mundo para que logremos lo que hay que hacer de manera segura, saludable y apropiada. Establecer límites saludables para nuestros hijos es una responsabilidad tanto necesaria como amorosa de los padres.

Hay muchas clases distintas de límites.

Los límites podrían significar las limitaciones del desarrollo de un niño. Un niño de tres años es capaz de ciertas cosas cognitiva, emocional y físicamente. Pero hay un límite natural a lo que se puede esperar de un niño de tres años. Un niño de seis años y uno de doce son capaces de cosas distintas en su desarrollo.

Los límites podrían significar las limitaciones en las habilidades de uno. Alguien podría ser hábil en el baloncesto pero no como corredor de larga distancia. A alguien se le podrían facilitar las matemáticas pero dificultársele el escribir. Hay para quienes el dibujar podría ser una expresión natural pero el dominar un instrumento musical jamás sería opción.

Los límites podrían significar lo que permito en cuanto a cómo me tratan los demás y lo que estoy dispuesto a hacer por otros para promover el respeto en las relaciones saludables.

Todas estas clases de límites son importantes, y cada tipo de límite tiene implicaciones para los padres. Sin embargo, en esta discusión, enfocaremos nuestra conversación más que nada en los límites que los padres les colocan a sus hijos tanto para su protección como para su desarrollo saludable. Estos límites ayudan a los niños a mantenerse a salvo, a discernir el bien del mal, y a desarrollar madurez y responsabilidad.

Establecer límites saludables requiere discernimiento, sabiduría, valentía y conexión. Los límites determinan tanto las barreras (las líneas que no debemos cruzar) como las expectativas (los resultados que deseamos en cierta situación). Y aunque podría haber consecuencias por cruzar un límite, también hay una gran libertad dentro del límite. Los límites se implementan bien cuando hay una disposición constante de enseñar, corregir, guiar, detener y comenzar lo que le sea más útil para sí mismo, su cónyuge y sus hijos.

La mayoría de los padres diría que les resulta difícil establecer límites. De hecho, de los siete elementos, este es el elemento en el que la mayoría de los padres sacan la calificación más baja en la evaluación de los siete elementos indispensables para la crianza de sus hijos. ¿Por qué? ¡Se debe a que establecer y hacer cumplir los límites de manera constante es difícil! Se requiere mucha energía, consciencia y atención. Se requiere esfuerzo continuo que va en contra de las tendencias naturales del niño de poner los límites a prueba. Cuando los padres dicen: «No toques la estufa caliente», el deseo natural del hijo es tocar la estufa porque la naturaleza humana nos insta a asegurarnos de que esos límites sean reales. Nuestra reacción natural está impulsada por nuestra curiosidad sobre por qué existen tales límites. Tenemos que poner las cosas a prueba nosotros mismos. Nos resistimos a los límites que sentimos que otros nos han impuesto.

Y aun así, los límites son necesarios y deseables. Sin límites, las civilizaciones colapsan, las familias batallan, las compañías fracasan y la gente sufre. Nada de esto es accidental. Todo es parte del diseño perfecto de Dios.

UNA BASE BÍBLICA

Dios es quien define las reglas y los límites. Su creación está establecida sobre reglas y límites. Considere Proverbios 8:29: «Puso límites a los mares, para que no se extendieran más allá de sus márgenes. Y también cuando demarcó los cimientos de la tierra». Toda la creación está en orden. Funciona según las reglas que Dios estableció.

Dios les ha dado a las personas los límites que les proveerán libertad emocional, mental y espiritual. Dios les dio a Adán y a Eva todo el jardín, y ellos tenían la libertad de disfrutarlo en su plenitud. Se les dio nada más un límite, una sola regla, y ellos quebrantaron esa regla. Las Escrituras dan ejemplo tras ejemplo tanto de victorias como de derrotas en las líneas limítrofes. Las historias de Caín y Abel, de Josué, de Moisés, de Noé, de Sansón, de David, de Salomón y de muchos más nos muestran la batalla que se lleva a cabo en las líneas limítrofes de la vida. Tristemente, los israelitas batallaron continuamente con los límites en su búsqueda de seguir a Dios. Muchas veces, se encontraron vagando, esclavizados, divididos y rebeldes.

Y nosotros somos iguales a ellos. Jueces 21:25 dice: «En esos días, Israel no tenía rey; cada uno hacía lo que le parecía correcto según su propio criterio». Esta, a menudo, es nuestra experiencia también. Nos cuesta vivir dentro de los límites que Dios nos da. ¿A qué se debe? Se debe a que nuestra tendencia natural es establecer límites de afuera para adentro, con el fin de controlar nuestro comportamiento, y no como Dios nos ha instruido, lo cual es establecer límites de adentro para afuera con el fin de entrenar y formar al corazón hacia el amor y la conexión. Como ve, las leyes y los mandamientos de Dios siempre tuvieron que ver con entrenar al corazón y edificar el alma. No se suponía que fueran un medio para controlar a las personas.

Me doy cuenta de que los niños pequeños sí aprenden los límites de afuera hacia adentro, pero esa es solo la introducción. El verdadero crecimiento ocurre cuando los niños internalizan los principios subyacentes a los límites que les establecemos, y maduran en su entendimiento y autodisciplina. Así es como todos llegamos a tener límites de adentro hacia afuera. Así que, cuando comiencen las primeras preguntas de «por qué», tómese el tiempo para ayudar a su hijo a entender los porqués de los límites.

ACTIVIDAD

La técnica de $1 por minuto

Durante un viaje en auto, mi hijo e hija no podían llegar a un acuerdo. No se estaban respetando el uno al otro, y estaban cruzando los límites que nuestra familia ha establecido en cuanto a cómo hablarnos los unos a los otros. Yo había escuchado por varios minutos cómo escalaba su frustración. Busqué la sabiduría de Dios para descubrir la lección que mis hijos necesitaban aprender.

Finalmente, les dije: «Oigan, tómense un minuto para encontrar una resolución de beneficio mutuo, o me tendrán que contratar a $1 por minuto para ayudarlos a resolver el asunto. Cualquiera que no participe en el acuerdo y la resolución será quien estará a cargo de la factura, así que podría ser o uno de ustedes o ambos». En ese

En el Salmo 119, David escribe sobre su amor por los mandamientos de Dios y el beneficio salvador que ha recibido de ellos: «Si tus enseñanzas no me hubieran sostenido con alegría, ya habría muerto en mi sufrimiento. Jamás olvidaré tus mandamientos, pues por medio de ellos me diste vida» (versículos 92-93). En el mismo salmo, David expresa la perspectiva de que los mandamientos de Dios le han mostrado el camino. Son una «lámpara que guía mis pies y una luz para mi camino» (versículo 105). Escribe que los mandamientos de Dios le han dado libertad, no restricción, diciendo que hay libertad para actuar dentro de los mandamientos de Dios (versículo 32). ¿No es esto lo que queremos para nuestros hijos? ¿Que vean los límites de Dios como beneficiosos para ellos y que surgen del profundo amor de Dios por ellos? Recuerde que David necesitó varias lecciones para llegar a esta conclusión.

Dios nos dio su Palabra como una herramienta para edificar las relaciones, la vida y el alma. Mientras más nos alejamos de su Palabra, más borrosos se ven los límites. Los límites deben establecerse intencionadamente a nivel del alma y no nada más a nivel del comportamiento, y Dios es el Arquitecto maestro del alma.

Si ve el concepto de los límites a través de los ojos de Dios y su deseo de amor y relación, usted adquirirá sabiduría para desarrollar una base sólida y un marco para las reglas y los límites de su propia vida y de la vida de su familia. Sin embargo, parte de los desafíos en esta área son nuestra naturaleza pecadora, las diferencias de personalidad, las emociones, los hábitos, los comportamientos y el tiempo limitado. Es por eso que la presencia de Dios en su vida y hogar es crucial para discernir los mejores límites para su hogar.

Exploremos varias dinámicas que afectan los límites en su hogar. Comenzaremos revisando los tres estilos de crianza más comunes. Diana Baumrind los presentó por primera vez en 1971[1].

mismo minuto, decidieron esforzarse por encontrar una solución.

A través de los años desde entonces, he ganado muy pocos dólares en tales situaciones. Mis hijos han aprendido la lección de buscar una resolución en lugar de tratar de salirse con la suya. Les he enseñado esta técnica a las familias que aconsejo también. Los componentes importantes son la constancia, el respeto y el cumplimiento. Sus hijos necesitan ver que usted en realidad intervendrá después de un minuto y comenzará a cobrarles $1 por minuto a partir de entonces hasta que lleguen a una solución aceptable para ambos. Recuerde que su meta no es necesariamente que los dos hijos estén contentos. La meta es ayudar a sus hijos a reconocer que hay más de una persona con voluntad, deseos, opiniones, pensamientos y emociones.

INFO

Desarrollar la motivación interna: El sueño de un padre
La mayoría de los tipos de personalidad pueden ser motivados con recompensas, halagos, atención y reconocimiento externos. Sin embargo, la meta es que sus hijos estén motivados desde el interior, incluso cuando se trata de respetar los límites.

Es fácil ver la motivación externa, pero la motivación interna es más difícil de ver y de desarrollar. Los teóricos organizacionales Thomas Malone y Mark Lepper identifican y definen las siguientes motivaciones internas[2]:

El desafío: Ir tras algo que es difícil pero obtenible.

La curiosidad: Nos encantan las cercas y considerar qué podría haber al otro lado. Cuando escuchamos que no, la curiosidad dice que sí. Nos encanta enterarnos de ciertas cosas.

El control: Esto provee seguridad y poder.

ESTILOS DE CRIANZA

¿Le suena familiar alguno de estos?

«¡Eso no es justo!».

«¡A Juan lo dejan ver todo lo que quiera!».

«A Ronnie le dieron un teléfono. ¿Por qué yo no puedo tener uno?».

«¡Estoy cansado!».

«¿Por qué tengo que hacerlo?».

«¿Por qué no puedo?».

«¿Por qué no puedo ver películas para adultos?».

«¿Puedes por favor darme otra oportunidad?».

«¿Cuándo puedo tener novio?».

«¿Puedo salir hasta las dos de la madrugada?».

«¿Por qué no puedo escuchar esa música? Tiene un buen ritmo».

«¿Por qué no puedo vapear? No hace tanto daño».

«¿Por qué no puedo fumar marihuana? Es legal en algunos estados».

Como padres, a menudo escuchamos observaciones como estas por parte de nuestros hijos. Esta clase de comentarios indica que nuestros hijos no están tan seguros de estar de acuerdo o que no quieren cumplir con un límite que hemos establecido. Como padres, decidimos cómo responder cuando nuestros hijos ponen a prueba esos límites que les hemos dado. En general, los estilos de crianza afectan cómo establecemos los límites y cómo respondemos cuando nuestros hijos desafían los límites o los cruzan.

La crianza autoritaria (demandante)

Los padres demandantes reaccionan con fuerza, afirmando su autoridad y control cuando los hijos están al borde de los límites. Estos padres creen que es amoroso ser estrictos y guiar a los hijos hacia la docilidad indiscutida e intransigente. Los límites se desarrollan a través del uso de la fuerza verbal o física, y se tienen altas expectativas para el hijo. El padre quiere obediencia inmediata y

La fantasía: La imaginación nos puede llevar a lugares a los que nuestra mente no nos lleva por lo regular. Nos encanta explorar lugares nuevos con nuestra mente.

La cooperación: A las personas les encanta la experiencia de la verdadera cooperación y quedan muy satisfechas a lo largo del camino.

La competencia: Se siente muy bien ganar. Ganar nos da la sensación de poder, fortaleza, logro y valor.

He agregado estas motivaciones internas:

La gratitud: Esto nos ayuda a sentir la paz que necesitamos para involucrarnos y estar presentes. Nos ayuda a buscar relaciones y vida. Alimenta el respeto por momentos y personas.

Propósito dentro del reino de Dios: Cuando sabemos en nuestra alma que somos parte de la grandiosa e increíble historia de Dios, eso alimenta nuestras pasiones y emprendimientos.

¿Cómo puede desarrollar y estimular algunas de estas al seguir estableciendo límites en su hogar?

le halla valor a los hijos que son respetuosos y obedientes y que no cometen errores. Su enfoque es el control y la perfección. Son motivados por el miedo a perder la autoridad, el control o el respeto. Esta se puede considerar como una crianza tipo militar. Hay mucho orden y una relación inconstante o distante. Los padres autoritarios dirían: «Los límites se deben hacer cumplir y se deben respetar y seguir».

La crianza autoritativa (equilibrada)

Los padres equilibrados tienen cuidado con los límites que establecen. Escuchan y responden a sus hijos. Estos padres toman el tiempo y el camino difícil de equilibrar tanto el control como las libertades. Se les puede considerar los padres de los «siete elementos». No les da miedo establecer límites donde sea necesario para la seguridad y el crecimiento del niño. Aun así, también dejan espacio para que sus hijos experimenten el fracaso y aprendan de él. El enfoque está en el crecimiento y el desarrollo que llevan a la interdependencia, al respeto y a la conexión.

Los padres equilibrados balancean los límites con la comprensión, el afecto emocional y la consciencia. Por ejemplo, si un hijo está cansado y no puede terminar un quehacer cuando se suponía que lo completara, el padre, con gracia, podría darle una hora distinta para que termine el quehacer, pero se mantiene firme en la expectativa de que el quehacer se hará. Los padres equilibrados aprenden a discernir la diferencia entre los errores involuntarios y la desobediencia intencionada.

Los estudios han descubierto que los hijos con padres equilibrados (autoritativos) estaban más satisfechos con la vida y reportaban niveles más altos de bienestar y autoestima y más bajos de depresión[3]. Los padres equilibrados:

- están presentes emocionalmente
- proveen límites
- tienen sensibilidad (comprenden lo que le ocurre al hijo y responden con cariño hacia el hijo)
- son congruentes
- están enfocados en el crecimiento y la enseñanza en vez del control o de hacer feliz a su hijo
- escuchan
- se comunican

Un padre equilibrado diría: «Las reglas y los límites tienen que ser congruentes y claros, y los niños siempre están aprendiendo a través de la relación, la guía y la instrucción motivadas por la gracia y la comprensión». La meta no es desarrollar hijos que obedezcan a ciegas, es decir, hijos que obedezcan a la autoridad sin detenerse a considerar la ética y la autoridad más alta de Cristo. La meta es desarrollar hijos sabiamente obedientes que aprendan a respetar y a discernir. Los niños tienen que aprender a ser asertivos con respeto.

La crianza permisiva (hacerlos felices)

Los padres permisivos les entregan las riendas del control a sus hijos, dándoles la libertad de hacer lo que quieran. La meta de este estilo de crianza es que el niño sea libre para explorar, cometer errores y ser feliz. Los límites son vistos como innecesarios, no amorosos y restrictivos. Algunos estudios han demostrado que los padres permisivos crían a tantos o más acosadores escolares como los padres exigentes y autoritarios[4]. Los hijos criados por padres permisivos tienden a perder el respeto por la autoridad y experimentan una tasa más alta de depresión. De hecho, muchos de ellos carecen de dirección y llegan a estar muy insatisfechos con la vida. Sienten que *deberían* ser felices, pero no lo son. La felicidad tiende a ser su meta, a expensas de la relación, la conexión y la difícil tarea de la formación de carácter. Un padre permisivo o pasivo diría: «Los hijos aprenderán con el tiempo. La vida les enseñará lo que necesitan aprender. Los límites se aprenden por medio de la experiencia».

• • •

Todos tenemos momentos en los tres estilos de crianza, pero lo típico es que cada uno de nosotros encaje más en un estilo que en los demás. Esforzarse por desarrollar los siete elementos le ayuda a encajar más constantemente en el estilo de crianza más efectivo, el estilo equilibrado. Hable con su cónyuge de las diferencias entre sus estilos de crianza y de cuáles consideran que son los límites apropiados para sus hijos. Cuando nace el bebé, el cerebro de la madre comienza a temer el peligro y a buscar seguridad para sus hijos, mientras que el cerebro del papá se enfoca más en el juego, la aventura y la interacción física. Es común que las mamás quieran que sus hijos usen casco cuando andan en bicicleta y que los papás les digan a sus hijos que no se preocupen por eso. También es común que las mamás les digan a sus hijos que tengan cuidado y que los papás ayuden a sus hijos a desafiar los límites de seguridad.

Usted y su cónyuge tendrán que colaborar, comunicarse y negociar los mejores límites para cada hijo. Pero recuerde que los hijos no están aquí solo para estar seguros. Usted también quiere que vivan una vida plena y que crezcan. No se estanque intentando que las cosas se hagan a su manera o buscando controlarse el uno al otro como padres. Aprecie el punto de vista de su cónyuge, reconozca el valor de sus diferentes perspectivas y deles a sus hijos oportunidades de ser desafiados al mismo tiempo que les proveen cierto nivel de seguridad y afirmación. Es un equilibrio complicado para el cual ambos necesitan escucharse y confiar el uno en el otro.

DIFERENCIAS DE PERSONALIDAD

Cada familia es una mezcla única de variables innumerables. Lo que una familia valora no es necesariamente lo mismo que otra familia valora. Si tiene más de un hijo, estoy seguro de que ha observado que lo que funciona como límite para un hijo quizás no tenga éxito con otros hijos de la misma familia.

Uno de los factores más relevantes en el asunto es la personalidad. Al discutir con su cónyuge los límites para su hogar, también necesitarán tener en mente las diferencias de personalidad de los miembros de su familia.

La personalidad es el filtro inicial que usamos para entender e interactuar con el mundo que nos rodea. Puede considerar a la personalidad como la cultura única de la ciudad de cada miembro de la familia.

El sistema de las canicas

Establezca una meta para la semana como familia. Su meta podría tener que ver con el uso de la tecnología, con usar palabras alentadoras hacia los miembros de la familia, con terminar la tarea o los quehaceres antes de la cena o con adoptar una actitud (o un hábito) de servicio a los demás. Cada vez que observe que sus hijos trabajan hacia la meta, ponga canicas en un frasco transparente. Esto es útil en especial con los niños menores de siete u ocho años.

Una vez que el frasco de canicas esté lleno, lo cual esperemos sea al final de la semana, pueden acampar o hacer una celebración adentro o afuera. Podrían acampar afuera y ver una película en su sala con su postre favorito y preparado juntos

Muchas teorías de la personalidad identifican cuatro categorías de personalidad y usan un esquema de cuadrantes para organizarlas y mostrar cómo las personas de las diversas categorías interactúan las unas con las otras. Por lo general, todos tenemos algunos rasgos de personalidad de las cuatro categorías, pero todo individuo tiende a tener un tipo de personalidad que es el más dominante. Usemos las divisiones básicas de los cuatro tipos de personalidad para entender cómo la personalidad puede afectar los límites. Encontrará más información sobre las diferencias de personalidad en el capítulo 7.

Los líderes

Los líderes son fuertes, osados, determinados, arduos trabajadores, intensos y activos. Los líderes también tienden a estar a cargo y a ser controladores, inflexibles, opinadores y audaces. Exigen la aptitud de cualquiera con quien traten. Prefieren que todo esté organizado y que el ritmo sea rápido.

Los padres líderes tienden más

hacia un estilo de crianza autoritario o controlador. Se les puede olvidar usar palabras alentadoras, y pueden ser rápidos para criticar. Sin embargo, los padres líderes dejan en claro los límites de su vida. Son opinadores. Se sienten cómodos con la palabra *no*. Y, por lo regular, no les importa lo que piensen los demás. No buscan hacer que otras personas sean felices. Buscan lograr un objetivo.

Puede que los niños líderes desafíen o cuestionen los límites. Tienden a aprovecharse de cualquier incongruencia o debilidad en los límites, las reglas y la autoridad. Los niños líderes quieren control y responsabilidad. Son competitivos. Quieren ser los mejores y, a veces, prosperan en ser los que crean los límites. Enséñeles a usar sus habilidades de liderazgo para obtener una victoria para la familia. Desde una temprana edad, enséñeles habilidades de trabajo en equipo, autocontrol y formas de edificar a los demás (para esto va a necesitar paciencia y persistencia). Los niños líderes se

como familia. La idea es celebrar como familia en lugar de dar dinero u otra recompensa individual. Esto forma el hábito de celebración en la familia. Es importante celebrar las victorias juntos como familia conforme trabajan en equipo para lograr la victoria. Asegúrese de acordar con anticipación cuál será la celebración de la victoria.

benefician de las lecciones sobre la humildad, la colaboración, el trabajo en equipo, la paciencia y la compasión.

Los pacificadores

Los pacificadores quieren que todos se lleven bien. En lo emocional y en lo mental son flexibles, afectuosos, sensibles, amistosos, cariñosos, cuidadosos, personales, sinceros y compasivos. Los pacificadores quieren que todos colaboren y trabajen juntos. Están más enfocados en las relaciones y menos en las tareas que otros tipos de personalidad. Los pacificadores tienden a ofenderse con más facilidad, y tienen menos prisa que otros tipos de personalidad. Los pacificadores valoran la justicia más que los triunfos. Tienden a ser justos ellos mismos, pero a veces cargan más peso para evitar hacer que otros se sientan incómodos o infelices. Les alegra estar en segundo plano y no ser el centro de atención.

Los padres pacificadores tienden a tener dificultades con los límites. A veces mueven la cerca para agradar a los demás. Quizás sean más permisivos o autoritarios, dependiendo de su nivel de madurez, confianza y cuánto les incomode el conflicto. Puede que repriman las cosas hasta que exploten, y quizás no participen en conflictos que son necesarios para fomentar que la relación crezca. Los pacificadores tienden a decir que sí mucho más de lo que les gustaría. Les incomoda la palabra *no*, y tienden a descuidar el cuidado propio. Puede que se ofendan con facilidad y eviten los problemas en una relación en lugar de repararlos. Pueden ser excelentes escuchadores.

Los hijos pacificadores tolerarán hacer quehaceres de más y son más vulnerables a que otros se aprovechen de ellos. Los niños pacificadores no tienden a guiarse por la convicción y pueden meterse en situaciones sociales difíciles si no eligen a los amigos apropiados. Tienden a carecer de opinión y claridad. Si se les da algo de aliento e instrucción, los pacificadores pueden llegar a ser influenciadores y contribuidores, y pueden ayudar a las personas a sentirse bienvenidas y relajadas.

Los habladores

Los habladores pueden ser juguetones, alegres, encantadores, espontáneos, inquietos, flexibles y sociales. Pueden ser desorganizados e inconstantes, pero disfrutan las relaciones. Los habladores se enfocan en las relaciones más que en las tareas. Los habladores son activos, y la gente puede energizarlos mucho. Tratan de hacer que las cosas sean divertidas y pueden tener mucha energía.

A los padres habladores por lo general les encanta la conversación y necesitan aprender a detenerse y a escuchar genuinamente a los demás. Los padres habladores pueden ser desorganizados y ambiguos en sus límites. Tratan de hacer que las cosas sean divertidas, y se puede hacer que cambien de parecer negociando con ellos. Prefieren el cambio a la tradición y el juego al trabajo. Los habladores tienden a evitar el conflicto y establecerán reglas y líneas limítrofes verbalmente, pero no siempre harán que se respeten esas líneas.

A los niños habladores les encanta el tiempo social, y a menudo no respetan los límites en los ambientes sociales.

Sin embargo, rara vez se meten en problemas porque son encantadores, alegres y amigables. Son capaces de obtener privilegios especiales y aprenden que los límites son flexibles con un poco de persuasión. A los habladores les encanta el tiempo social y pueden distraerse con facilidad de las tareas que involucran a otras personas. Es divertido estar con ellos, y pueden hacer que las tareas sean muy divertidas. Pídales que den ideas creativas para hacer los quehaceres. Si se les da dirección y entrenamiento, los habladores pueden ser muy influyentes y alentar a los demás. Cuando están enfocados, pueden lograr mucho.

Los pensadores

Los pensadores tienden a tener estándares altos. Pueden ser perfeccionistas, confiables, preparados, pesimistas, inflexibles, opinadores y organizados. En cuanto a los límites, piensan en blanco y negro. Les encantan las listas, los detalles, la claridad, los esquemas y las tareas. Los pensadores son los organizadores y administradores de lo que hay que hacer. Sin pensadores, el mundo sería más caótico. Los pensadores son considerados los estrategas y los cerebros que están tras bastidores en la ejecución de tareas y proyectos.

Los padres pensadores tienden a hacer listas. A veces carecen de gracia en los límites por su filtro blanco y negro. Los pensadores tienen la mentalidad de «trabajemos ahora y, si terminamos, jugaremos». A su mente se le dificulta descansar y tienen la tendencia a ser críticos. Prosperan en un ambiente estructurado y tienen mucha habilidad para edificar cercas.

Puede parecer que los padres pensadores son ariscos o que se sobreenfocan. Quizás no escuchen si están intentando realizar tareas. Para estos padres es difícil descansar si hay tareas o proyectos sin terminar.

Los hijos pensadores pueden desafiar y cuestionar intelectualmente la confiabilidad y la validez de los límites establecidos. Les encanta ser los que crean o son parte de la creación de sistemas y listas. Son leales, y seguirán y respetarán las cercas establecidas con las que están de acuerdo. Tendrán la expectativa de que los demás también deben seguir y respetar los límites. La desorganización es una molestia para los niños pensadores y puede crear estrés en su vida. Con un poco de aliento y dirección, los pensadores pueden ayudar bastante a la hora de desarrollar límites congruentes, claros y esenciales en su familia.

• • •

Los tipos de personalidad son mucho más complejos, pero este vistazo le ayudará a comenzar a considerar que las diferencias de personalidad afectan cómo percibimos, manejamos e interactuamos con los límites. La dificultad surge de la mezcla de los tipos de personalidad cuando las familias se están esforzando por tener una relación, realizar tareas, y mantener reglas y líneas de límites.

Hace varios años, una mamá pacificadora y un papá hablador me trajeron a su hijo que era líder extremo. El adolescente se había apoderado de la casa. Era exigente y estaba a cargo. Los padres estaban frustrados y querían saber cómo controlar a su hijo dictatorial. Era de voluntad firme, opinador, físicamente fuerte y exigente. Sin embargo, los padres habían provisto los dos primeros niveles de la pirámide de provisión —necesidades básicas y relación—, así que había una base de confianza entre ellos y su hijo.

Discutimos las fortalezas de cada tipo de personalidad y la dificultad de mezclarlas. La realidad es que la mamá y el papá eran buenos padres, pero la personalidad de líder de su hijo no tardó en exponer sus inseguridades y debilidades. Esto es cierto para muchos padres. Hay momentos en las interacciones de las diferencias de personalidad que crean tiempos desafiantes en la crianza. *Somos* distintos. Lidiar con eso puede confundirnos.

Estos padres y su hijo se esforzaron por descubrir sus distintas personalidades y cómo cada uno percibía las situaciones. Aprendieron a escucharse con atención y a formar una perspectiva colectiva. La meta también era entenderse los unos a los otros y crear momentos que beneficiaran a toda la familia en lugar de dominarse los unos a los otros y de obtener control.

El hijo líder ayudó a su mamá pacificadora con recomendaciones de cómo podía ser más resuelta, clara y constante con él. La mamá pacificadora ayudó a su hijo líder a aprender a ser más sensible, compasivo y amable con ella en las conversaciones y negociaciones diarias sobre los límites. El papá hablador ayudó a su hijo líder a aprender a ser más relacional y no tan enfocado en la aptitud, el poder, el control y el éxito en los deportes. El hijo líder ayudó a su papá hablador a ser más constante y claro al establecer reglas y líneas de límite. En lugar de ser oponentes en un campo de batalla, estos miembros de familia llegaron a ser un equipo que trabajaba bien.

CONTRIBUYA, ALIENTE E INFLUENCIE

A veces, cuando los padres piensan en establecer límites para sus hijos, ven su función como de legislador o de quien hace que se respeten los límites. Sin embargo, esto hace que los padres y los hijos se vean como oponentes. Los hijos rompen las reglas y los padres imponen la ley. Hay otra manera de ver su función paternal de establecer y mantener límites. Es más positiva y afirmativa tanto para usted como para sus hijos. Considere que establecer y mantener los límites en su familia es una manera de contribuir, alentar e influenciar a sus hijos. A través de la contribución, el aliento y la influencia, usted guiará a sus hijos hacia una buena relación, seguridad, salud y madurez. Esta es la meta suprema de los límites en el hogar. Analicemos cada una de estas funciones con más detalle.

LOS CONTRIBUIDORES

Recuerde la ilustración del estado, la ciudad, las calles y las autopistas. Cada ciudad necesita contribuidores que hagan buenas inversiones de planeación, y capital para ayudar a la ciudad a prosperar y crecer. Los contribuidores le dan forma a la ciudad al decidir financiar ciertos proyectos y no financiar otros. Estas decisiones forman límites. Algunos proyectos son

ACTIVIDAD

Quehacer de limpieza en equipo

Uno de los problemas más grandes en cuanto a los límites en muchas familias tiene que ver con los quehaceres. Buscar maneras de lidiar con eso de manera productiva requiere una resolución creativa de los problemas.

Una familia que aconsejé ¡ha llevado la idea del equipo a otro nivel! Trabajaron juntos para diseñar camisetas de limpieza para la familia. Cuando es hora de limpiar la casa, toda la familia se pone las camisetas y se pone a trabajar. Luego, cuando terminan el trabajo, planean una celebración divertida. Las celebraciones pueden ser sencillas:

- Ir al parque.
- Ir a jugar boliche.
- Ver una película juntos.
- Salir a comer.
- Ir por un helado.
- Salir a andar en bicicleta o a caminar en familia
- Jugar un juego de mesa.

aprobados y completados, y otros proyectos son abandonados.

En la crianza de los hijos, los límites que usted establece y mantiene en su hogar son una guía para su familia e hijos en cuanto a dónde colocar su enfoque, su tiempo y su energía. El beneficio se verá en el futuro. Con el tiempo, la contribución de límites saludables guía y da forma al crecimiento de sus hijos.

Los contribuidores enseñan sobre la motivación, los valores y las prioridades en la vida. Considere cómo los límites que establece para su familia enseñan la buena motivación, los valores bíblicos y las prioridades piadosas. Dedíquele tiempo a reflexionar sobre el hecho de que Dios ha contribuido grandemente en su vida. Considere cómo las líneas limítrofes de Dios han guiado su propio crecimiento. Use este ejemplo al establecer límites en su hogar.

Lo opuesto a contribuir es consumir. Mientras que el contribuidor le dedica tiempo y esfuerzo al beneficio y al crecimiento de otros, el consumidor busca el beneficio propio. Los consumidores exigen ser complacidos. Los consumidores esperan que otros les den tiempo, pero rara vez dan de su tiempo. Los consumidores quieren que se les escuche, pero no ven el valor de escuchar a los demás. Los consumidores piden ayuda, pero titubean en ayudar a los demás. Considere cómo se aplica esto al establecer límites en el hogar. Su motivación debería ser el beneficio y el crecimiento de sus hijos.

Y no olvide este otro aspecto al establecer límites: enseñar sobre las reglas y los límites requiere una gran inversión de su parte.

LOS ALENTADORES

Las palabras alentadoras tienen el potencial de edificar y motivar. Los alentadores se dan cuenta de que las palabras tienen el poder de promover una conexión saludable y amorosa entre la gente. Este tipo de conexión puede ser una base para que se entiendan, se respeten y se sigan los límites. Los alentadores cuidan qué palabras usan con los demás. Sus palabras son motivadas por un amor profundo y duradero por la otra persona.

Por otro lado, a los desalentadores les cuesta controlar sus pensamientos y sus lenguas. Ahora bien, estoy seguro de que todos hemos estado tanto en el lado que recibe como en el que da. Las palabras de los desalentadores tienden a humillar o destruir, y pueden desmotivar. Los desalentadores tienden a observar lo que no se ha hecho en vez de lo que sí se ha hecho. Los desalentadores rara vez se detienen para celebrar. Critican a los demás.

Las palabras desalentadoras tienden a salir cuando se traspasan los límites y se necesitan consecuencias. Es fácil caer en el patrón de desaliento... en especial cuando estamos estresados. Sin embargo, hay gran beneficio en entrenarse a uno mismo para reaccionar a estas situaciones como un alentador.

Por ejemplo, un padre podría responderle a su hijo, diciéndole: «Sin duda tienes mucha energía hoy. Veamos cuál es la mejor manera de ayudarte a gastar un poco de esa energía». Por otro lado, el padre podría decirle: «¡Basta! ¡Me estás volviendo loco! ¿Por qué no puedes sentarte a jugar en silencio y ya?».

¿Puede ver la diferencia? Nuestras reacciones a nuestros hijos pueden ser impredecibles porque la vida va a toda velocidad, y no siempre tenemos el lujo del tiempo para detenernos a pensar. Pero antes de que llegue el momento, tómese un tiempo para considerar sus palabras y cómo el estrés puede desviarlo con rapidez de su meta final, la cual es guiar a su hijo con amor hacia la madurez. Practique usar palabras alentadoras a diario, y se dará cuenta de que, con el tiempo, alentar llega a ser una reacción más natural, incluso durante los momentos de estrés.

LOS INFLUENCIADORES

Al invertir en su relación con su esposa y sus hijos, usted tiene influencia. La pregunta es: ¿Qué *clase* de influencia tiene a través del ejemplo de sus prácticas diarias? Lo que hace y decide consumir influye en la edificación de su propia alma, y también influye en sus hijos porque ven y siguen su ejemplo. Acuérdese de que sus hijos están observando la manera en que usted maneja los límites de su propia vida.

Su hijo podría hacer preguntas sobre los límites en el hogar, en especial en la infancia o en la adolescencia. Considere esas preguntas una oportunidad en vez de un desafío a su autoridad. Es importante que los niños entiendan el *porqué* de los límites como lo expresa David en las Escrituras (Salmo 51; Salmo 119). Tener este entendimiento influenciará con poder a sus hijos porque ellos entenderán mejor sus valores y sus metas.

Los influenciadores positivos enseñan que los límites son para:

- edificar relaciones
- hacer las cosas
- hacer que los lugares y las relaciones sean seguros
- desarrollar y edificar respeto
- proteger el corazón y la mente
- mostrar amor
- crear verdadera libertad

Por el contrario, sin límites saludables que las guíen hacia buenas metas, las personas tienden ya sea a estar sin dirección y estancadas o a ser atraídas o atrapadas por influencias negativas. Dicho de otra manera, se distraen. Quizás sin darse cuenta, los padres se convierten en desviadores cuando ven que los límites no son necesarios. Lean como pareja o como familia Deuteronomio 6:1-9, y discutan cómo recordar la Palabra de Dios puede mantener a su familia enfocada en lo que más importa.

Gracias a la tecnología, las redes sociales y el entretenimiento, hoy en día hay muchos más influenciadores que nunca en la vida de los hijos. También hay mucho potencial para que los desviadores confundan y aparten a sus hijos de la dirección en la que a usted le gustaría que fueran. No dudo que usted ha tenido conversaciones sobre el uso de la tecnología, los límites de las redes sociales, los límites de tiempo en los videojuegos y las decisiones de entretenimiento si tienen hijos mayores de ocho años. Tales conversaciones requieren mucha paciencia e inversión de tiempo y energía. También requieren alguna preparación y dar el ejemplo.

Si ya hay negativismo afectando la relación, estas conversaciones pueden llegar a ser muy difíciles y explosivas. Para tener influencia en la vida de sus hijos, deberá tener paciencia y hacer preguntas. Mientras más tranquilo permanezca y más congruente sea entre los límites que usted se impone a sí mismo y los límites que espera que su hijo tenga, mejor resultarán tales conversaciones.

Cada edad y etapa ofrece nuevas libertades y nuevos límites. Escuche, observe y responda para ser un influenciador activo y positivo en cada edad y etapa de la vida de sus hijos.

PROBLEMAS COMUNES Y RELEVANTES CON LOS LÍMITES

Los padres batallan sin excepción para mantener límites congruentes y efectivos en varias áreas comunes: el sexo, el noviazgo, la tecnología y el entretenimiento.

Los padres me preguntan con frecuencia: «¿Cuál es el mejor momento para darle un teléfono inteligente a mi hijo?» o «¿Cuándo es mejor que mi hijo comience un noviazgo?». Es muy complicado contestar estas preguntas. En realidad, depende de la madurez y la personalidad del niño y de la relación que tengan el padre y el hijo. La meta, repito, es llevar a su hijo a los niveles más altos de la pirámide de provisión y que, con el tiempo, en verdad sepan lo que significa ser hijo de Dios.

El sexo

Los padres deben comenzar temprano la enseñanza crucial del autocontrol y de los detalles del plan de Dios para la sexualidad. Es más probable que les vaya bien en sus relaciones a niños que aprenden sobre el autocontrol desde pequeños. Usted puede comenzar a enseñarles desde una edad temprana sobre el buen toque físico, el mal toque físico, las buenas fotos, las malas fotos y sobre las influencias. Ayude a sus hijos a aprender sobre la honestidad, la responsabilidad, la integridad, la justicia social, la comunidad y la identidad desde una edad temprana.

El noviazgo

¿Cuál es la prisa? ¿Cuál es el propósito? El noviazgo puede ser divertido y puede ser devastador. Asegúrese de pensar detenidamente en esto. El noviazgo no es un juego, y sin duda tiene un impacto en los patrones de relación. El noviazgo no es malo, pero ¿está listo su hijo de verdad para entrar al torbellino y contribuir en la vida de una jovencita? El noviazgo puede distraer demasiado pronto a un chico. Le dije a mi hijo desde temprano en su vida que él estaría en el banquillo hasta por lo menos los dieciséis años porque normalmente los jóvenes no están listos para entrar al partido del noviazgo hasta entonces. Queríamos asegurarnos de que Alex estuviera listo para tratar a la hija de otra familia con respeto y cariño. Y cualquier chica que sea su novia podría llegar a ser la esposa de alguien más. Hemos discutido que tener novia debe de tener un propósito, y en un inicio se trata de aprender a tener paciencia, disfrutar de una amistad y compartir risas con una joven.

Mi hijo y yo hemos discutido la meta de ser un contribuidor positivo en la vida de una joven y no un consumidor. Dicho de otra manera, ¿qué motiva su deseo y cariño por la joven? ¿Su crecimiento y bienestar? ¿Su crecimiento espiritual? ¿O en qué le beneficia a él?

Mi hijo ahora tiene dieciséis años, y hace poco que tiene novia. Tuvo que pedirle permiso al padre de la chica para comenzar a salir con ella. Mi esposa y yo colaboramos con nuestro hijo para elaborar un contrato para las citas, y él está aprendiendo a manejar mejor su tiempo, sus responsabilidades y su atención. Ellos tienen que salir con un grupo o con nosotros durante su primer año de novios para establecer una base de confianza. Mi hijo hace poco decidió que quiere comprar *Renovation of the Heart in Daily Practice* (La renovación del corazón en la práctica diaria, NavPress, 2006) para leerlo con su novia.

La tecnología

De nuevo, ¿cuál es la prisa? La tecnología se ha integrado en nuestra vida diaria, pero también distrae bastante. La tecnología no va a desaparecer, pero las familias sin duda pueden decidir cuáles son las mejores reglas y los mejores límites para su familia.

El que todos usen la tecnología no quiere decir que su familia deba hacerlo, en especial los niños pequeños. En mi hogar, nuestro plan ha sido que nuestros adolescentes compartan un teléfono de emergencia hasta que cumplan los dieciséis años. Es entonces que evaluaríamos si han establecido confianza y comunicación y si han demostrado que toman decisiones maduras antes de conseguirles teléfonos individuales. Aun así, me doy cuenta de que ellos no van a ser perfectos y que habrá momentos difíciles y obstáculos a lo largo del camino, pero tenemos que asegurarnos de que las cosas vayan en la dirección correcta antes de agregarle a la mezcla un desviador tan poderoso. Mi hijo ha visto las distracciones y demandas que conlleva la tecnología. Sabe que es importante rendir cuentas y ser sinceros para mantener relaciones y para tomar decisiones inteligentes.

El entretenimiento

El entretenimiento que consumimos afecta directamente nuestras creencias, nuestros pensamientos y nuestra alma, y los límites que establecemos como padres tienen la intención de proteger el corazón y la mente. Me gusta supervisar el departamento Conectados de Enfoque a la Familia. Los escritores y editores son cristianos sólidos y talentosos que quieren ayudar a los padres a lograr la meta de proteger los corazones y las mentes en su hogar. No tenga miedo de decir que no. Hay mucho entretenimiento que no vale la pena consumir, y también hay entretenimiento que es muy divertido ver o jugar.

Recursos excelentes sobre el uso de la tecnología y el entretenimiento

La crianza de hijos TECH es un acrónimo (por sus siglas en inglés) desarrollado por la Academia Americana de Pediatría[5].

HABLAR con sus hijos sobre su uso de los medios de comunicación y desarrollar formas de monitorear lo que consumen en los medios de comunicación y la tecnología es vital.

EDUCAR a sus hijos puede ayudarlos a estar conscientes de las prácticas de mercadeo y del hecho de que el entretenimiento rara vez provee una opinión realista de las consecuencias potencialmente negativas y destructivas que pueden provenir de comportamientos arriesgados.

VER JUNTOS y USAR JUNTOS los medios. Modele el uso saludable y apropiado de los medios. Dedíquele tiempo a aprender sobre las diversas opciones de tecnología y entretenimiento que a sus hijos les interesa consumir.

REGLAS EN EL HOGAR PARA USAR LOS MEDIOS. Los límites claros y constantes son esenciales. Hable de los límites negociables y los no negociables en cuanto a la tecnología y el entretenimiento. Recursos en inglés están disponibles en www.focusonthefamily.com/parenting/is-it-time-for-our-kids-to-have-a-cell-phone/.

Otros recursos:

Enfoquealafamilia.com/conectados/. Provee una perspectiva con base bíblica sobre entretenimiento, cultura y tecnología actual (música, videojuegos, películas, televisión por internet, YouTube, aplicaciones).

NetLingo.com. Provee información en inglés en cuanto a los últimos términos que se usan en los textos y es básicamente el diccionario para la Internet. Una buena herramienta para los padres al navegar el siempre cambiante lenguaje en línea.

Waituntil8th.org. Un lugar que empodera a los padres para que esperen por lo menos al octavo grado para permitir que sus hijos tengan teléfonos inteligentes (disponible solo en inglés).

Mediatechparenting.net. Una educadora experta les da información y consejos útiles en inglés a los padres y educadores por medio de un blog, para ayudarlos de manera efectiva a navegar por el mundo digital mientras enseñan y guían a sus hijos.

Commonsensemedia.org. Un recurso completo sobre el uso de los medios de comunicación para los padres. Ofrecen investigación, artículos y consejos útiles en cuanto a los medios de comunicación.

Plan de uso mediático de la Academia Americana de Pediatría. Usted puede desarrollar un plan del uso mediático personalizado para la familia en healthychildren.org/spanish.

CovenantEyes.com. Tecnología para ayudar a las familias a vivir libres del control de la pornografía.

Comience temprano y sea constante con los límites alrededor del entretenimiento que eligen. Esto puede ser difícil cuando hay desacuerdos sobre el asunto entre los padres. Si se atascan, no tengan miedo de buscar la ayuda de un consejero para determinar las mejores reglas y límites de su situación y familia en particular.

• • •

Establecer límites apropiados requiere dirección y redirección paciente a lo largo del camino. Se requiere sabiduría y mucha guía del Espíritu Santo. Dedíquele tiempo a orar conforme desarrolla, mantiene y ajusta los límites a lo largo del camino.

Al reflexionar en lo que ha aprendido sobre los límites, recuerde que se trata de relación y de crecimiento. Las reglas y los límites tienden a resaltar nuestras debilidades, pero también son buenas oportunidades de crecimiento personal y relacional. Busque el crecimiento en lugar de la perfección y la conexión en lugar del control. Dedíquele tiempo a fijarse en sus hijos, invertir en ellos, alentarlos, edificarlos e influenciarlos al ayudar imperfectamente a guiarlos hacia una fe que prospera en Cristo.

LOS LÍMITES

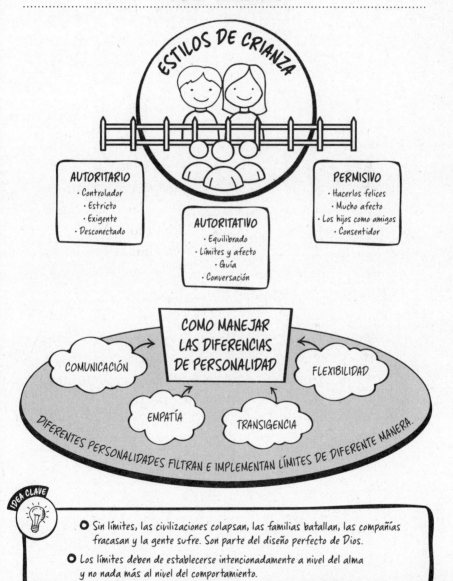

ESTILOS DE CRIANZA

AUTORITARIO
- Controlador
- Estricto
- Exigente
- Desconectado

AUTORITATIVO
- Equilibrado
- Límites y afecto
- Guía
- Conversación

PERMISIVO
- Hacerlos felices
- Mucho afecto
- Los hijos como amigos
- Consentidor

COMO MANEJAR LAS DIFERENCIAS DE PERSONALIDAD

COMUNICACIÓN

FLEXIBILIDAD

EMPATÍA

TRANSIGENCIA

DIFERENTES PERSONALIDADES FILTRAN E IMPLEMENTAN LÍMITES DE DIFERENTE MANERA.

IDEA CLAVE

- Sin límites, las civilizaciones colapsan, las familias batallan, las compañías fracasan y la gente sufre. Son parte del diseño perfecto de Dios.

- Los límites deben de establecerse intencionadamente a nivel del alma y no nada más al nivel del comportamiento.

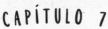

CAPÍTULO 7

LA GRACIA Y EL PERDÓN

*La gracia y el perdón de Dios, aunque son gratuitos para
el receptor, siempre son costosos para el dador.*

—TIMOTHY KELLER

*Perdónanos nuestros pecados, así como hemos perdonado
a los que pecan contra nosotros.*

—MATEO 6:12

HACE VARIOS AÑOS, un chico de diecisiete años, alto, fuerte y muy enojado llegó a mi oficina por consejería. Greg (no es su verdadero nombre) estaba tomando decisiones terriblemente malas para su vida, y batallaba severamente con la ira. Había llegado a ser un experto en aprovecharse de las debilidades de la crianza y las reacciones negativas de su mamá, quien estaba desesperada por ayuda. El padre había abandonado a la familia cuando Greg era muy pequeño. De hecho, Greg ni siquiera se podía acordar de haber estado con su papá. Me dijo: «Si alguna vez veo a mi papá, lo golpearé y lo mataré. Odio lo que nos hizo y que abandonara a nuestra familia. ¡Mi papá es un cobarde!».

Unas semanas después, el padre de Greg me contactó. Sabía que yo me había estado reuniendo con Greg y quería involucrarse. Eso significaba que Greg tenía que firmar un formulario de autorización para la divulgación de información confidencial, el cual me permitiría hablar con sus padres sobre su consejería. Greg, con mucha vacilación, firmó el formulario.

Le pregunté a Greg si alguna vez estaría dispuesto a reunirse con su papá. «Ya le dije —respondió—. Lo odio y quiero hacerle daño. Ni siquiera sé qué apariencia tiene. Si alguna vez apareciera, estaría de acuerdo en reunirme con él. ¡Quiero saber por qué nos abandonó!». Dejó una grieta abierta en la puerta de su corazón. Su ira provenía del sufrimiento y la confusión.

Hablé con el papá por teléfono sobre los riesgos. «Entiendo su ira —dijo él—. Yo también estaría furioso. No lo culpo por querer matarme. Soy un hombre fornido, y estaré bien si reacciona físicamente. Solo quiero ver a mi hijo y responder cualquier pregunta que pueda tener. Lo amo y lamento todos los años que perdí por mi propia estupidez».

Greg dijo que tenía muchas preguntas para su papá y que estaría dispuesto a reunirse con él, pero dijo que no podía garantizar que mantendría la calma.

Llegó el día en que el papá —un hombre fornido y alto— llego para reunirse con su hijo. Estaba tan nervioso como un chico que habla frente a la clase por primera vez y tan emocionado como un niño que recibe lo que pide para Navidad. Estaba lleno de gracia hacia su hijo y dispuesto a aceptar la responsabilidad por sus decisiones pasadas. Solo quería estar con su hijo.

Al llegar, Greg parecía un boxeador que quería entrar al cuadrilátero. Pero también pude ver su nerviosismo. Cuando entró, a su papá le comenzaron a salir las lágrimas de inmediato. Se puso de pie y dijo:

—Hola, hijo.

Su hijo no dijo nada y se sentó a buena distancia de él, mirándolo con hostilidad. Comencé la sesión con un tiempo para preguntas y respuestas. El primer comentario y pregunta de Greg fue algo así:

—Te odio. ¿Por qué nos abandonaste?

Su papá, con compasión, perdón, suavidad, sin estar a la defensiva y con aprecio, le dijo:

—Hijo, tiene sentido que te sientas así. Yo también me sentiría así. Te amo y he pensado mucho en ti. Estaba asustado y me sentía avergonzado. —Continuó y le contó a su hijo toda la historia de por qué se había ido y no había regresado.

Dijo que se fue para proteger a la familia. Había cosas en su pasado que ponían a la familia en extremo peligro. Una vez que la amenaza se acabó, se sintió demasiado avergonzado para regresar. No sabía qué hacer. Extrañaba a su familia, pero no quería hacerles daño. Su hijo, afectado por un destello de compasión y por la petición de perdón, lenta y cautelosamente suavizó su ira hacia su papá, al punto milagroso e impulsado por Dios de que quiso tener un tiempo en mi oficina para seguir hablando con su papá a solas.

Un poco después se reían juntos. Yo a propósito no había programado ninguna sesión para la hora después de la suya, en caso de que algo así ocurriera. Bueno, el ministerio de reconciliación de Dios estaba vigente. La gracia y el perdón bailaron en ese salón ese día. Me reuní con Greg solo unas cuantas sesiones más. Él siguió pasando tiempo con su papá. Su ira se había reducido significativamente, su toma de decisiones había mejorado y su vida había experimentado un reinicio.

La gracia. Es un ingrediente esencial en el hogar. Pero a veces estamos demasiado ocupados o distraídos, o somos demasiado estrictos, permisivos o indecisos. Y nuestros hijos pueden ser demasiado hiperactivos, fastidiosos, intensos e indiferentes, y pueden estar demasiado desconectados y cansados. Nuestras imperfecciones requieren gracia.

LA GRACIA: CONSTRUCCIÓN DE PUENTES

La gracia y el perdón requieren la mentalidad de construir puentes de conexión en lugar de cercas de seguridad, autoprotección y control. Los materiales de Dios para construir puentes son la gracia y el perdón, y son cruciales para la amplia variedad de imperfecciones en cada hogar y relación. Tener gracia hacia alguien implica tener una visión más completa de la experiencia y punto de vista de esa persona.

Los tres pasos principales de la gracia en la crianza de los hijos incluyen enfocarse en su relación con su cónyuge, entender las diferencias de personalidad y entender las etapas del desarrollo de sus hijos[1].

La relación de esposo y esposa

La relación entre el esposo y la esposa requiere grandes dosis de gracia y perdón. Aquí es donde la paciencia y el amor inquebrantable demostrados por medio de la gracia y el perdón se modelan para el resto de la familia. De vez en cuando, mis hijos han presenciado algunos momentos tensos de desconexión entre mi esposa, Heather, y yo.

Hace unos meses, nuestra familia salió de viaje a las montañas para unas cortas vacaciones familiares. Mi esposa y yo comenzamos a estar en desacuerdo por algo. Mi adrenalina y mundo emocional interno se volvieron un caos. No me sentí ni escuchado ni entendido. Heather lanzó las palabras *siempre* y *nunca* con algo de crítica, y mi cerebro perdió el control. Los chicos estaban en el asiento de atrás, viéndonos edificar una cerca sólida entre los dos en el auto. Decidí que no iba a hablar. Hubo varios momentos de silencio tenso hasta que mi hijo hizo una pregunta que no tenía que ver con el asunto. Sin duda se sentía incómodo con la gran cerca en nuestro auto. Él quería un puente. Y Lexi también. Y Heather también. Y yo también. La construcción del puente en ese momento dependía de Heather y de mí.

Le dije a Heather que quería que nos conectáramos, y ella respondió con el mismo deseo. Ambos nos sentíamos no escuchados, malentendidos, frustrados y heridos. Nos tranquilizamos, nos escuchamos el uno al otro con cuidado, decidimos perdonar y, lentamente, dejamos que nuestras emociones se alinearan con lo que habíamos decidido. No nos moríamos por hablar, reír y estar el uno con el otro en ese instante, pero reemplazamos la cerca con un puente. Ambos cruzamos el puente lenta y emocionalmente. Los chicos presenciaron las realidades del matrimonio. No es fácil, y requiere atención constante para mantener un puente de comprensión.

Diferencias de personalidad

Las personas siempre han estado interesadas en las diferencias de personalidad. Hay incontables teorías y pruebas de personalidad. Pero para entender la gracia, lo único que tiene que saber es que cada persona filtra la misma realidad a través de su propia y única personalidad. Esas diferencias de personalidad significan que todos manejamos las diversas situaciones de la vida de maneras que difieren de cómo lo hacen los demás.

John Trent y Gary Smalley desarrollaron una prueba que utiliza a cuatro animales para representar las diferentes personalidades: el león, la nutria, el castor y el perro cobrador dorado[2]. A mí me gusta agregarles descriptores de una palabra a estos animales que representan las personalidades. León = líder. Nutria = habladora. Castor = pensador. Cobrador dorado = pacificador. Y también me gusta usar cuatro colores para representar a estas cuatro categorías de personalidad porque los colores se pueden mezclar para crear tonos únicos. Estos tonos representan nuestra individualidad, la forma única en la que cada uno expresa su personalidad. Todos tendemos a tener rasgos de personalidad de las cuatro categorías, pero cada persona tiende a tener un tipo de personalidad que es más dominante.

El amarillo representa a los habladores (nutrias). Los habladores son juguetones, alegres, encantadores, entusiastas, optimistas, espontáneos, inquietos y es divertido pasar tiempo con ellos. Tienen mentalidades flexibles, no les importan las crisis y, por lo general, prefieren las relaciones a las tareas.

El azul representa a los pacificadores (cobradores dorados). Los pacificadores son sensibles, afectuosos, compasivos, amistosos, cuidadosos, leales, personales y agradan a los demás. Tienen mentalidades flexibles, tienden a evitar el disgusto de los conflictos y no son muy opinadores.

El morado representa a los líderes (leones). Los líderes son independientes, fuertes, audaces, determinados, curiosos, intensos, activos y dominantes. Para el líder, el trabajo es un juego. Los líderes son obstinados y tienden hacia mentalidades inflexibles. Los líderes desean controlar y no les importa el conflicto.

El verde claro representa a los pensadores (castores). Los pensadores son organizados, perfeccionistas, confiables, preparados, tradicionales y orientados a las tareas. El trabajo va antes que el juego, y tienden a ver las situaciones con lentes blanco y negro. Las reglas, las listas, los esquemas, la claridad y la estructura hacen sentir mejor a los pensadores.

Estas descripciones son básicas, pero proveen un marco para que usted comience a reconocer cómo piensa, qué siente y cómo reacciona a la vida cada miembro de su familia. Esta consciencia puede llevarlo a concederles gracia a su cónyuge y a sus hijos al entenderlos mejor.

Lo interesante es que si combina los cuatro colores de manera equitativa, obtiene verde oscuro. Es un color que representa el crecimiento en la naturaleza (el césped, los árboles y las plantas). El crecimiento saludable de una familia requiere gracia para reconocer, entender y aplicarle paciencia a la comunicación y las relaciones en el hogar.

La gracia, el perdón y las etapas del desarrollo

Muchos tenemos hijos de distintas edades y etapas, lo cual puede hacer que las cosas sean interesantes y desafiantes. He conocido a familias que educan a sus hijos en el hogar y que tienen seis, siete o más hijos. En mi práctica de consejería, me he reunido con varias familias que tratan de abrirse camino para cada una de las siguientes edades y etapas al mismo tiempo. Entender las diferencias de cada edad y etapa puede darle una claridad muy necesaria.

De infantes hasta los tres años

Darles gracia a los hijos de esta edad implica entender que los niños están aprendiendo mucho de lo que los rodea, y de sus necesidades y deseos. Sea un estudiante de su hijo. La curva de aprendizaje es empinada, y la energía y el sueño son un lujo escaso. Si comienza con un lente de gracia (comprensión) cuando su hijo se porta mal, le ayudará a mantenerse tranquilo.

Darle gracia a su cónyuge significa entender que está haciendo su mejor esfuerzo con lo que sabe. Ayúdense el uno al otro a tener éxito en la crianza de sus hijos. Aprendan el uno del otro y escúchense el uno al otro. El perdón en esta etapa implica muchas veces perdonar a las personas de su pasado, los momentos imperfectos de su cónyuge, a otros padres, a los miembros de su familia extendida y a usted mismo.

La falta de sueño, el exceso de ruido y el caos que conlle-van los hijos de esta edad puede hacer que concederle gracia a su familia no le sea natural. Es fácil decir y hacer cosas de maneras que después lamentará, en especial si se desarrolla tensión entre papá y mamá por las diferencias en su estilo de crianza. Esfuércense por llegar a un acuerdo en los estilos de crianza. Tengan gracia el uno hacia el otro al hacer ambos su mejor esfuerzo como padres.

Los niños a esta edad:

- tratan de darle sentido a lo que ven, sienten, oyen, tocan y huelen.
- tratan de descifrar en qué y en quién pueden confiar
- aprenden constantemente del mundo a través de sus sentidos.
- aprenden que tienen talentos y habilidades.
- entienden que hay consecuencias: «Si hago esto, entonces va a pasar aquello».
- lloran y tienen arrebatos mientras aprenden a satisfacer sus necesidades y deseos. Esta es una gran oportunidad para enseñar, guiar, corregir y redirigir. Mientras más les enseñe durante esta edad y etapa, mejor les irá durante las demás edades y etapas en cuanto al comportamiento y la relación.
- buscan formas de ser independientes.
- necesitan experimentar momentos de fracaso y dificultad en su desarrollo de talentos y habilidades.

De cuatro a cinco años

Darles gracia a los niños de esta edad significa entender que los niños están aprendiendo mucho de sí mismos, de otros niños, de las reglas y de cómo manejar las olas de emociones.

Darle gracia a su cónyuge significa entender que se esfuerza por enseñar, por manejar la vida y por conectarse. Sean un equipo. Es fácil criticarse el uno al otro cuando se presentan los desacuerdos. También deles gracia a otros padres. Recuerde, tiene solo un vistazo de su historia. Las comparaciones no harán más que llevarlo a la vergüenza o al orgullo. Esfuércese por mantenerse alejado de estas emociones que poco ayudan, y dé gracia. La gracia lo preparará para perdonar cuando ocurran aquellos momentos de «no se suponía que eso pasara». El perdón en esta edad por lo general implica modelar el perdón hacia sus amigos, su cónyuge, su familia extendida y sus hijos.

Los niños a esta edad:

- se desarrollan y aprenden con rapidez.
- son capaces de permanecer enfocados en una tarea por unos quince a veinte minutos a la vez.
- exploran a través del juego.
- aprenden a jugar y a compartir con los demás.
- piensan e imaginan en voz alta.
- experimentan inundaciones emocionales e inseguridades, y podrían tener intensos berrinches.
- desafían la autoridad y los límites.

- aprenden sobre la obediencia y la desobediencia, y sus consecuencias.
- aprenden las características cruciales y fundamentales del autocontrol y el respeto.
- hacen muchas preguntas y necesitan que los padres escuchen y respondan sus preguntas.
- aprenden sobre tomar la iniciativa. Asígneles tareas, y no tenga miedo de dejar que se vean desafiados y fracasen. Ayúdelos a aprender a manejar la frustración y la decepción en lo que aprenden que no pueden tener éxito y ganar en todo.

De seis a doce años

Darles gracia a los niños de esta edad implica entender que sus hijos están recibiendo mucha información nueva sobre apreciar a los demás y ser apreciados por ellos a través de la amistad. Pueden batallar con equilibrar la lealtad a la familia y la lealtad a los amigos. Estos siete años están llenos de cambios increíblemente rápidos y de oportunidades para el aprendizaje.

Enseñarles sobre el perdón a esta edad sigue siendo más que nada a través del ejemplo de perdonar a otros como a los amigos, la familia política, la familia extendida, su cónyuge y otras personas. El perdón también se trata de tener «reinicios» con sus hijos cuando son desafiantes, desobedientes o hirientes, o cuando por accidente rompen o echan a perder algo que a usted le importa.

Los niños a esta edad:

- experimentan muchos cambios en el cerebro. De hecho, alrededor de los ocho o nueve años, los niños pueden desarrollar una perspectiva negativa de sí mismos y sus circunstancias. Puede ayudar a su hijo a ver las cosas desde múltiples puntos de vista al preguntarle: «¿Hay alguna otra manera de ver esto?».
- se dan cuenta de las diferencias de sexo.
- se enfocan más en si algo parece ser justo.
- tienden a disfrutar trabajar en grupos con sus compañeros.
- desafían las reglas y los límites.
- comienzan proyectos que no siempre terminan porque a veces se sobrecargan.
- tratan de desarrollar las habilidades que ven en sus compañeros.
- necesitan que se les instruya cuando experimentan fracaso, desilusiones, rechazo y desaliento.
- experimentan cambios emocionales y hormonales significativos como preparación para la adolescencia cuando entran en la franja etaria entre los diez y los doce años.
- se vuelven malhumorados, impacientes y competitivos. Pueden interpretar el fracaso como señal de que son inferiores y no como una oportunidad para el crecimiento.
- se ponen más ansiosos y se preocupan más. Ayúdelos a aprender a tranquilizar su mente a través del ejercicio, la respiración, el juego, la oración, la conversación,

el descanso o las comidas juntos. Cada niño tendrá que descubrir la mejor manera de tranquilizar su propia mente inquieta y ansiosa. Sea paciente mientras descubre lo que le pasa a su hijo. Usted le está proveyendo una herramienta que será invaluable durante toda la vida.

- comienzan a observar y a señalar las fallas, las imperfecciones y las incongruencias de los adultos.
- aprenden mucho sobre el carácter, responder a la autoridad, respetar a otros y respetar los límites. Esfuércese por desarrollar límites congruentes. No les tenga miedo a las preguntas sobre por qué ha establecido ciertos límites. Elija ver estas preguntas como un intento por entender y no como desafíos a la autoridad.
- se vuelven impulsivos y carecen de consciencia alrededor de los once a doce años. De hecho, algunos expertos creen que los niños de ocho a diez años pueden ser más obedientes y maduros que los de once a doce años.
- buscan pertenecer y ser incluidos, en especial cuando llegan a la escuela secundaria, y pueden parecer egocéntricos.
- experimentan más extremos emocionales alrededor de los once a doce años.

De trece a dieciocho años

Darles gracia a los jóvenes de esta edad significa entender que están intentando tener amistades íntimas, están experimentado atracción y sentimientos románticos fuertes, y están buscando descubrir «¿Quién soy?». También significa entender que los jóvenes son motivados por las recompensas, los riesgos y las libertades.

El cuerpo de los jóvenes está llegando a ser más adulto mientras su cerebro sigue creciendo. Pero se perciben a sí mismos como adultos que saben tanto como sus padres, si no es que más. Ver a los hijos con gracia significa entender que la mayor parte de lo que hacen tiene que ver con la supervivencia social, emocional y personal, y no con tratar de desobedecer abiertamente a los padres o lastimar a los demás. La gracia ayuda a los padres a iniciar pacíficamente conversaciones difíciles y cargadas emocionalmente en busca de entender qué quieren y necesitan sus hijos en realidad.

Si usted ha demostrado gracia y perdón en cada edad, ya está más preparado para esta edad que, a veces, es tumultuosa. Hay muchas oportunidades para el perdón conforme los adolescentes batallan con los muchos problemas que enfrentan a esta edad.

Los jóvenes a esta edad:

- se vuelven más propensos a correr riesgos.
- se vuelven más sensibles a la atracción de las recompensas, en especial a la admiración y la aceptación de sus compañeros.
- desean lo nuevo, lo cual significa que se pueden aburrir con mucha facilidad.
- se enfocan más en lo que piensan y dicen sus compañeros sobre ellos.

- anhelan encajar o pertenecer sin necesariamente entender la diferencia entre ambas. La diferencia es que, al encajar, los hijos están ajustándose y transformándose a la fuerza. Los chicos que quieren pertenecer buscan amistades en las que pueden ser ellos mismos y sentirse queridos y conectados.
- comienzan a dedicarse a intereses específicos.
- tienen una poda neuronal milagrosa, asombrosa e increíble. Esto significa que su cerebro, literalmente, se vuelve más especializado dependiendo de sus intereses. Esta es una etapa emocionante de la vida, en la que los chicos pueden aprender a ser muy hábiles en algo porque sus cerebros están listos para eso.
- se perciben como indestructibles.
- tienden a quedarse despiertos hasta muy tarde por una variedad de razones. La gracia entiende que la melatonina de un adolescente no tiende a hacer efecto hasta la medianoche o la una de la madrugada. Para los adultos de más edad, la melatonina por lo general hace efecto cerca de las nueve o diez de la noche. La melatonina nos ayuda a tener sueño y sentir cansancio. Muchos adolescentes tienen calendarios activos y quieren relajarse y conectarse con sus amigos, quienes también están despiertos a avanzadas horas de la noche. Están en las redes sociales, en Internet o jugando videojuegos tarde en la noche, lo cual se sabe que despierta al cerebro y resulta en un adolescente muy cansado en la mañana. Usted tendrá que ser

intencionado al establecer límites en la tecnología, el entretenimiento y la hora de dormir para ayudar a su adolescente a tomar las mejores decisiones en preparación para el día siguiente. Ese puede ser un límite difícil y lleno de conflicto. Inicie la conversación con comprensión pero con límites y una meta para darle la mejor dirección a su adolescente.

- no tienen tanto frío como los adultos. Muchos adolescentes usan pantalones cortos cuando está nevando o solo una chaqueta liviana cuando está congelado afuera. Si sienten frío, aprenden a usar más capas. Solo recuerde que no sienten tanto frío como usted cree.

- buscan amistades como parte de la supervivencia. Desarrollan las habilidades que necesitan para vivir la vida sin sus padres. Su cerebro reacciona con fuerza cuando se sienten solos, aislados o rechazados. Eso puede detonar una búsqueda desesperada por conexión o una resignación sin remedio al aislamiento y la desconexión.

• • •

Cultivar la gracia entre los miembros de la familia, a pesar de sus muchas diferencias, puede sentar las bases para una cultura de perdón en la familia. Con la práctica, usted puede tener un hogar donde la gracia y el perdón se dan y se aceptan constantemente.

El perdón es inseparable de la gracia. La gracia ayuda a dirigir la mente hacia el perdón auténtico, y el perdón provee libertad de las deudas emocionales. Cuando iniciamos momentos con nuestros hijos, utilizando el entendimiento y la búsqueda de conexión como los primeros pasos, permitimos que el perdón sea una parte del hogar. La combinación de perdón y gracia en la vida de la familia alinea a los miembros de la familia hacia la conexión de los unos con los otros.

Lisa Belkin hace un gran trabajo al proveer entendimiento sobre las complejidades de la crianza que requieren gracia. Escribe: «La contradicción es la verdad fundamental de la crianza. Queremos que tengan autoestima pero no orgullo. Que sean expertos en la amistad pero prosperen en la soledad. Que aprendan respeto pero no obediencia ciega. Que confíen pero cuestionen. Que se sientan cómodos con su cuerpo pero que no sean vanidosos. Que sean saludables pero que también se consientan. Que sean independientes pero aún parte de nosotros»[3].

A lo largo de mis años de consejero, me he reunido con muchos niños y padres que han batallado con el perdón auténtico. Mi hija, Lexi, una vez me preguntó: «¿Cómo sé que he perdonado a alguien de verdad, y cómo sé cuándo en realidad lamento lo que he hecho?». Esas son preguntas difíciles pero importantes.

La gracia nos da la mentalidad y la libertad emocional para el arrepentimiento y el perdón auténticos. Perdonar es la decisión, y la gracia es el amor y la empatía que ayuda a que el perdón genuino eche raíces. Con el tiempo, el perdón ahoga la maleza del resentimiento, el rencor, el enojo y la indiferencia[4].

LA CONFESIÓN

Dios nos llama hacia la confesión continua para mantenernos en comunión cercana con él. Pero ¿por qué? «Somos pecadores» es la respuesta sencilla. Pero la confesión también ayuda a desarrollar un corazón humilde y agradecido. Nos ayuda a ver el perdón como un regalo y no como un derecho. La confesión también permite el perdón de uno mismo, el cual puede parecer un poco extraño, pero es crucial. La confesión implica remordimiento y hacerse responsable de lo que ha hecho, y le permite tenerse gracia a sí mismo en medio de sus defectos como cónyuge, amigo y padre.

Hace unos años, mi hija y yo tuvimos una buena discusión sobre el perdón. Nos divertimos dividiendo las palabras para una comprensión más profunda, y decidimos dividir la palabra *perdonar*: «per» + «donar». Profundizamos en la idea del perdón como un regalo. La palabra ilustra y confirma que hay un intercambio. El prefijo *per* puede significar acción completa y total. La palabra *donar* es dar algo propio con gracia: regalar.

No siempre es fácil practicar la gracia y el perdón. Los investigadores han descubierto que los tipos de personalidad más ansiosos, autocríticos y con carga emocional tienden a tener dificultad para perdonarse a sí mismos y a los demás, mientras que los tipos de personalidad más flexibles son capaces de perdonarse a sí mismos y a los demás con más facilidad, y están más dispuestos a usar la gracia en sus interacciones diarias[5]. Como lo discutimos anteriormente en este capítulo, la personalidad es cómo percibimos al mundo. Para no complicarle las cosas, usted no tiene que tomar un examen para saber si es más ansioso, si es autocrítico, si está cargado emocionalmente o si es un padre flexible. Dedíquele unos momentos a la autorreflexión, o pídale a un amigo o a su cónyuge que le dé retroalimentación sincera para ver si puede obtener algunas ideas útiles. Sin importar cuál sea su personalidad, he aquí algunos pasos útiles que puede tener en mente al tratar de desarrollar la disciplina del perdón.

Ore

Los estudios apoyan el hecho de que la oración ayuda a promover la habilidad del perdón. De hecho, los investigadores del perdón descubrieron que la oración realza al perdón, y el perdón reduce el estrés y los problemas en la relación[6]. La oración es un componente central para alinear nuestra mente con la voluntad y el corazón de Dios. Ya sea que usted ore con su cónyuge, ore por las personas difíciles de su vida, ore por las personas que le han hecho daño u ore sin cesar por sus hijos, la oración puede llevar a su mente hacia el perdón y la libertad emocional. ¿Y si los padres adquirieran la costumbre de orar cuando la frustración, el dolor o la desilusión aparecen en la crianza de sus hijos? Puede ser un rápido: «Dios, ayúdame, por favor. Necesito tu gracia, tu sabiduría y tu paciencia en este momento». ¡Dios le da libremente a un corazón rendido!

Pablo con frecuencia se refería a sí mismo como siervo de

Cristo. Su corazón rendido le daba un flujo natural de gracia y apuntaba su mente hacia el perdón. La oración lleva a la mente a ser humilde, a rendirse y a apartarse del control y las exigencias.

Deténgase y haga preguntas

Como un detective, haga preguntas antes de sacar conclusiones. Tenga en mente que todas las personas están en proceso de construcción. Todos estamos creciendo. Busque captar la visión global. Las personas rara vez lastiman, ofenden o decepcionan intencionadamente a otra persona cuando la relación va bien. Sus hijos, en especial, apenas están aprendiendo cómo vivir la vida. Están aprendiendo a manejar sus deseos y necesidades al descubrir quiénes son y cómo encajan en este mundo. Muchas veces, los hijos, por accidente y sin saberlo, nos afectan de maneras que ellos no sabían que podían afectarnos. Y *usted* quizás no sabía que podía verse afectado así. Hay ciertos comportamientos y rasgos de personalidad que pueden desviar con rapidez hasta a los mejores padres. Busque entender lo que le está ocurriendo en su interior. Y busque entender lo que les está ocurriendo a las calles que lo conectan con sus hijos. ¿Le ha dedicado tiempo a llevar gracia a los momentos difíciles?

La comprensión

La comprensión genuina puede involucrar confesión, pero en definitiva involucra también la comunicación. El componente central de la comunicación es escuchar. Los hijos a menudo se suavizan cuando se sienten escuchados, cuando

ACTIVIDAD

Preguntas semanales o mensuales para la familia

Hace varios años, mi esposa y yo fuimos a consejería matrimonial, y el consejero nos dio una tarea para llevar a casa. Nos dijo que nos hiciéramos varias preguntas y escribiéramos las respuestas del otro en un cuaderno. Nos dijo que nos escucháramos el uno al otro y escribiéramos las respuestas. Nos dijo que lo hiciéramos un momento seguro para compartir. Pensé que sería fácil, pero no lo fue. Yo quería defender, corregir, aclarar y arreglar. Sin embargo, tener que escuchar con paciencia me hizo vislumbrar la perspectiva de mi esposa. Decidí adaptar las preguntas para usarlas con mi familia y las familias que aconsejo. Las preguntas van así:

1. ¿En qué te va bien?
2. ¿En qué no te va bien?
3. ¿En qué nos va bien como familia?
4. ¿En qué no nos va bien como familia?
5. ¿Cómo has usado la gracia y has sido alguien que se da cuenta, edifica y conecta?
6. ¿A quién has perdonado?
7. ¿Quién te ha perdonado?
8. ¿Qué piensas que podría hacerse para mejorar las cosas en nuestro hogar?
9. ¿Qué necesitas de la familia que te ayude a sentirte más conectado en nuestro hogar?

Escriban sus respuestas en un cuaderno especial y diseñado para estas reuniones. Escribir las cosas indica la importancia de la reunión. La reunión se puede hacer con un batido, una pizza, un helado, un té o lo que les guste. No tiene que llevar mucho tiempo, y siempre resulta mejor cuando comienza con una oración. De hecho, la oración es una manera excelente para comenzar a alinear nuestra mente con la de Dios (Salmo 139:17-18) y nos lleva un paso más cerca a la unidad (Filipenses 2). Tenga en mente que no tiene que hacer todas las preguntas al mismo tiempo.

sienten que usted los «entiende». Dedíquele tanto tiempo como pueda a analizar la situación y a entender a su hijo. Lexi me ha dicho muchas veces: «Tú no entiendes». Mi respuesta es: «*Ayúdame* a entender». En verdad quiero ver lo que ella ve y sentir lo que ella siente.

En Colosenses 3:12-15, Pablo dice:

> Ustedes tienen que vestirse de tierna compasión, bondad, humildad, gentileza y paciencia. Sean comprensivos con las faltas de los demás y perdonen a todo el que los ofenda. Recuerden que el Señor los perdonó a ustedes, así que ustedes deben perdonar a otros. Sobre todo, vístanse de amor, lo cual nos une a todos en perfecta armonía. Y que la paz que viene de Cristo gobierne en sus corazones. Pues, como miembros de un mismo cuerpo, ustedes son llamados a vivir en paz. Y sean siempre agradecidos.

¡Lo que se dice en este pasaje es poderoso y convincente! Pablo no nos dice que tenemos la opción de perdonar o no. Nos ordena que perdonemos. Yo creo que el perdón comienza a fluir con naturalidad si a diario nos vestimos de compasión, bondad, humildad, gentileza y paciencia. Eso se debe a que estas virtudes nos llevan a entender y a tener empatía y amor inquebrantable por los demás.

Los reinicios y el comenzar de nuevo

La hora de la confesión. ¿Alguna vez ha presionado el botón de reinicio en su consola de videojuegos cuando está perdiendo? Yo lo hacía. Así comenzaba otra vez y usaba una estrategia distinta. En las relaciones, los reinicios y las segundas oportunidades requieren humildad y mucha paciencia. La gracia y el perdón no tienen que ver con «ganar» o «dominar». Se trata más bien de hacer lo que sea necesario para sanar una relación. Tienen que ver con construir puentes y fortalecer las conexiones entre nosotros. Algunas familias han hecho dibujos de botones de reinicio y los han colocado por todas partes en su casa para recordarles a los miembros de la familia que inviten a la gracia y al perdón a su hogar. Los reinicios ayudan a restaurar la confianza.

Los reinicios deberían ser frecuentes en nuestro hogar. Cuando Jesús le dijo a Pedro que perdonara a su hermano «setenta veces siete» (Mateo 18:22), Jesús desafió a Pedro a que tuviera paciencia a nivel ninja, y nos ha dado el mismo desafío. La vida nos ataca constantemente, y las cosas se pueden amontonar a lo largo del día. Podemos responder con súbita impaciencia o incluso con enojo. Aproveche cualquier momento que pueda, ya sea en el baño, en el auto,

ACTIVIDAD

El ajedrez acelerado

Esta es una forma divertida y rápida (de tres a cinco minutos por juego) de jugar ajedrez. Cada persona usa solo ocho piezas (cuatro peones, el rey, la reina y otras dos piezas que elija cada uno), y tiene tres segundos para moverse cada vez. Si la persona se tarda más de tres segundos en moverse, el oponente puede sacar de la tabla la pieza de menor rango de su oponente. La otra regla es que cada jugador puede tener dos movimientos de perdón por juego, ya que la velocidad del juego inevitablemente lleva a los errores. Cuando los jugadores quieren usar un movimiento de perdón, tienen que pedir perdón, y luego pueden tomar tanto tiempo como necesiten para recuperar su movimiento y elegir otro movimiento. El punto es que ellos no elegirán hacer el mismo movimiento. Sería tonto hacerlo. He jugado con clientes adolescentes, y nunca usan sus movimientos de perdón, aunque hayan cometido errores por descuido. Constantemente dicen que olvidaron que tenían el movimiento de perdón, y así es como ocurre muchas veces también en la vida. Este ejercicio puede proporcionarle formas divertidas de discutir la toma de decisiones y el perdón.

o cuando camina, para observar su propio estado emocional.

Hace unos meses, cuando estaba terminando una tarea para una clase de mi doctorado, oí a mi hija y a su amiga exclamar desde la cocina: «¡Ay, no!». Por lo general, ¡eso no es una buena señal! Mi esposa y yo fuimos a la cocina y encontramos una olla de cocción lenta llena de sopa derritiéndose y quemándose en un quemador de la estufa. La olla de cocción lenta había estado apoyada sobre la estufa, y Lexi y su amiga habían encendido por accidente el quemador que estaba debajo de ella en lugar del quemador que estaba debajo de la olla que estaban usando para hacer loción. Había una nube de humo, y la casa olía a plástico derretido.

Después de que limpiamos el desastre, decidí tomar un vaso y llenarlo de agua al ver hacia fuera por la ventana de la cocina durante unos cuantos momentos tensos. Había muchas cosas que quería decir que estaban influenciadas por el estrés de otras demandas del día. Quería preguntarles: «¿No vieron la nube de humo ni olieron el hedor?». Mi mente hervía de sarcasmo frustrado. No podía entender cómo una jovencita de doce años y otra de once, quienes estaban paradas frente a la estufa, no se habían dado cuenta de que una olla de cocción lenta se estaba derritiendo.

Mientras miraba por la ventana, decidí practicar el fruto del Espíritu: paciencia y autocontrol. Con paciencia esperé a que mi cerebro y mi lengua batallaran un poco. Lo que al final salió de mi boca fue: «Esto es una verdadera obra de arte». Sabía que había sido un accidente. También sabía en mi mente que Lexi no había tenido la intención de hacerlo. Avergonzarla no la hubiera ayudado a ella, ni a mí, ni a la situación.

Terminamos riéndonos, tomando fotos de la obra de arte y observando los componentes de una olla de cocción lenta. Nunca había visto los componentes internos de una olla de cocción lenta. Mi hijo también disfrutó ver la placa de circuito y las piezas electrónicas que habían quedado expuestas. Si yo no hubiera sido paciente, mis primeros pensamientos podrían haberse derramado y lastimado a Lexi. Estoy agradecido porque Dios me ayudó a controlar mis pensamientos antes de que llegaran a mi lengua. A veces necesitamos tan solo unos cuantos momentos para crear suficiente margen a fin de que nuestra mente se tranquilice.

En ese momento con mi hija y su amiga, tuve que profundizar para encontrar empatía, la cual es un ingrediente central para la gracia. Durante unos cuantos segundos, vi el momento desde el punto de vista de ella y recordé que a mí tuvieron que perdonarme muchas veces cuando era niño. Muy pronto olvidamos lo que es ser niño y cuánta gracia y perdón necesitamos durante nuestro crecimiento y aprendizaje. Creo que la gracia y el perdón en verdad les dan a las familias resiliencia: la fortaleza de seguir levantándose, de seguir intentándolo y de nunca rendirse (1 Corintios 13:4-8).

LA GRACIA EN LAS FAMILIAS MIXTAS

La gracia, la empatía y la comprensión pueden presentar desafíos especiales para los padrastros e hijastros que acaban juntos en el contexto de una familia mixta. Un nivel adicional de dolor e incomprensión a menudo caracteriza a las familias formadas por segundos y terceros matrimonios. En situaciones como estas, los hijos tienden a buscar a alguien a quien culpar, y el nuevo padrastro o la nueva madrastra por lo general es el candidato obvio. Los padres que se encuentran en esta condición nada envidiable pueden hacer que las cosas den un giro positivo al modelar la gracia y el perdón, y al recordar que la gracia consiste en entender que la experiencia de cada familia es distinta. Recuerde que los hijos no son los que han decidido formar parte de una familia mixta.

Me encanta pedirles a las familias mixtas que usen la imagen de la «ciudad en construcción» como una herramienta visual para iniciar la discusión. Los padres biológicos comienzan la familia con conexiones naturales de los unos con los otros y construyen calles y autopistas únicas con el tiempo. Cuando las ciudades principales (los padres) trabajan juntos, a los estados les va bien. Sin embargo, cuando las dos ciudades principales se desconectan por completo por medio del divorcio, el flujo de tráfico se pone mucho más complejo y difícil. Después de un divorcio, todo el estado sufre, y la comunicación se vuelve más complicada. Para las ciudades más pequeñas (los hijos), esto puede crear confusión, enojo y tristeza. Para ellos es difícil entender por qué las autopistas entre las dos ciudades importantes se vuelven intransitables. Pueden sentir que tienen que conectarse a una ciudad principal en lugar de la otra por lealtad o admiración.

La desconexión entre las dos ciudades principales a menudo ocasiona que el tráfico (la comunicación) sea redirigido a través de las ciudades más pequeñas. Sin embargo, este desvío abruma a las ciudades más pequeñas. Es una carga tremenda para las ciudades más pequeñas.

Y luego, cuando una nueva ciudad principal aparece de repente en el mapa, cada ciudad más pequeña tiene que decidir si le dedica tiempo y esfuerzo a construir una calle hacia

Análisis de la cadena

Dibuje una cadena de círculos en una página. Quizás necesite dos o tres niveles para completar todos los enlaces de la cadena. Cada enlace representa una pieza de lo que llevó a un problema específico. Escriba cada paso progresivo que llevó al problema, y busque un lugar en el que pudo haber habido una decisión distinta que hubiera logrado un resultado distinto al final de la cadena. El análisis de la cadena le proporciona una ilustración útil de cómo una decisión puede cambiar el resto de la cadena. También ayuda a señalar dónde se necesitan la gracia y el perdón como parte del proceso de reparación y reinicio.

esa ciudad, una ciudad que no conoce. Las ciudades pequeñas estaban bien con las ciudades principales con las que estaban conectadas en un inicio. No pidieron que se construyera
una nueva ciudad principal.

Como padrastro, comprenda que no puede entrar de
prisa y construir con rapidez nuevas autopistas de su ciudad
a las ciudades más pequeñas. Usted se está involucrando con
mucha historia y muchas emociones. Mientras más constante, paciente y comprensivo sea en estas situaciones, es más
probable que se forme una nueva conexión. Tenga en mente
que la conexión puede comenzar lentamente al principio.

Las emociones que se pueden desbordar en esta clase de
escenario pueden con facilidad desencadenar emociones reac-
tivas. Por ejemplo, en una ocasión escuché a un niño decir:
«Él (el nuevo padrastro del niño) nunca va a ser mi papá.
Nunca le voy a decir papá. Mi papá es mi papá. Él (el padrastro) no tiene derecho a decirme qué hacer. Me caía bien hasta
que se convirtió en mi papá. Nunca quiero estar cerca de él,
y quiero que mi mamá y mi papá vuelvan a estar juntos».

Dependiendo del contexto, el tiempo y el tono, puede
sentir que todo esto es una falta de respeto y una grosería.
Comience con una oración y adopte una actitud de gracia.
Trate de entenderlo todo desde el punto de vista del niño. La
comunicación entre usted y el niño debe ser segura. Acepte lo
que el niño dice sin reaccionar con negatividad y sin tomarse
las cosas a pecho. Conceda mucho perdón paciente, y busque establecer una conexión con el tiempo. El niño llegará
a ver que usted es digno de confianza y es seguro conectarse

con usted. Sea constante al responder, y use los siete elementos indispensables para la crianza de los hijos con la oración como su primer paso.

• • •

Al seguir creciendo en lo personal y en la crianza de los hijos, recuerde comenzar con gracia para sí, para su cónyuge y para sus hijos. ¿Cómo le responde a su cónyuge? ¿Cómo entiende y controla las diferencias de personalidad en su hogar? ¿Le ha dedicado tiempo a entender la edad y la etapa en la que están usted y su hijo? Involúcrese en esto con su cónyuge conforme ambos crecen. ¿Le ha dedicado tiempo a orar, detenerse, hacer preguntas, entender, reiniciar y volver a intentarlo? Hay mucho que perdonar y por lo cual ser perdonados cada día. Juntos, seamos constructores de calles y puentes en nuestra crianza de familias conectadas con fuerza.

La mejor parte de todo esto es que Dios nunca dijo que teníamos que ser perfectos para expresar la gracia o practicar el perdón. Al contrario, la gracia y el perdón nos pertenecen a todos, ¡a todos y cada uno de los papás y mamás y los papás de la tierra, sin importar cuán imperfectos podamos ser! Nuestra meta como padres es involucrar la gracia y el perdón en nuestra vida diaria y seguir creciendo en esa dirección conforme Dios nos da fortaleza, paciencia y discernimiento. ¡Es difícil pensar en una descripción más alentadora del viaje de ser padres!

LA GRACIA Y EL PERDÓN

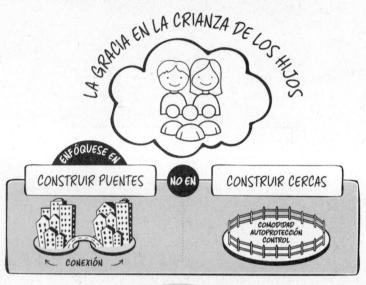

LA GRACIA EN LA CRIANZA DE LOS HIJOS

ENFÓQUESE EN

CONSTRUIR PUENTES   NO EN   **CONSTRUIR CERCAS**

COMODIDAD
AUTOPROTECCIÓN
CONTROL

← CONEXIÓN →

LA GRACIA

ORE → DÉTENGASE Y HAGA PREGUNTAS → COMPRENDA ← REINICIE Y VUELVA A INTENTARLO →

EL PERDÓN AUTÉNTICO

SER LIBRE DE DEUDAS EMOCIONALES

IDEA CLAVE

- Todos siempre estamos en construcción

- Enfóquese en reiniciar, reparar y reconectar las relaciones

- Entienda las diferencias de personalidad

- Entienda las edades y etapas del desarrollo de su hijo

- Sea un constructor de calles y puentes

CAPÍTULO 8

LA GRATITUD

*La gratitud es la más saludable de todas las emociones humanas.
Mientras más gratitud exprese por lo que tiene, más probable es
que tenga aún más por lo que expresar gratitud.*

—ZIG ZIGLAR

*Sean agradecidos en toda circunstancia, pues esta es la voluntad
de Dios para ustedes, los que pertenecen a Cristo Jesús.*

—1 TESALONICENSES 5:18

LA GRATITUD ES LA HABILIDAD de apreciar lo que se tiene en lugar de agonizar por lo que no se tiene. Es la habilidad de enfocarse en lo que va bien en su vida y no en lo que va mal. La gratitud lleva a una satisfacción profunda, y se expresa con un agradecimiento genuino[1].

Sin embargo, tendemos a obsesionarnos por las imperfecciones pequeñas y exasperantes de una vida que sin ellas sería satisfactoria. Comparamos los detalles rutinarios y desordenados de nuestra propia vida con lo mejor de la vida de los demás, y nuestra vida se queda corta cada vez. Cuando comparamos la versión pulida y de relaciones públicas de la vida de los demás con la realidad cruda de nuestra propia vida, nos sentimos insatisfechos.

¿Cuántas veces ha dicho: «Si tan solo hiciéramos el tiempo devocional como ellos lo hacen» o «Si tan solo pudiéramos mantener nuestra casa tan limpia como la de ellos» o «Ellos salen de viaje a lugares increíbles todo el tiempo, y nosotros solo nos quedamos en casa»?

Las redes sociales han creado una cultura de comparación e insatisfacción. Nos da curiosidad lo que hacen los demás, y siempre nos comparamos para ver cómo nuestra vida, nuestra familia y nuestros hijos dan la talla. Esta trampa de la comparación incluso puede llevarnos a sentirnos superiores en cuanto a nuestra vida cuando nos enteramos de los problemas que otros experimentan.

Lo que habitualmente compartimos en las redes sociales lo revela con mayor claridad. Todos tendemos a publicar los momentos bellos y dignos de presumir de la vida, pero no compartimos los fracasos o los problemas que experimentamos porque tales publicaciones imperfectas harían que nuestra vida se viera sin éxito.

El problema no yace nada más en lo que compartimos. También yace en cuánto publicamos y en el autoconocimiento. Un estudio de la revista *Parents* encontró que el 79 por ciento de los padres cree que los demás padres comparten en exceso en las redes sociales, y solo el 32 por ciento cree que ellos mismos comparten en exceso[2]. El autoconocimiento es difícil, y nos encanta la retroalimentación positiva. La gente sigue publicando en línea porque cada vez que los demás responden o le dan un «me gusta» a sus publicaciones, el circuito de recompensa del cerebro se activa y recibe una sacudida del neurotransmisor que da la sensación de bienestar (la dopamina). De hecho, varios padres con los que he hablado lamentan haberse perdido la experiencia general de la vida de sus hijos porque estaban demasiado concentrados en hacer que otros se enteraran de lo que ocurría. Dicho de otra manera, estaban más enfocados en captar la historia y compartirla que en vivirla y experimentarla en realidad. Los padres publican en línea para mostrar lo rica y plena que es su vida, pero la verdad es que se pierden toda la experiencia satisfactoria de los eventos de la vida de su familia. Eso no nos lleva hacia un espíritu de profunda gratitud.

No es de sorprender que las redes sociales puedan con rapidez vaciar nuestra mente de gratitud y llevarnos a la insatisfacción. Las redes sociales no presentan la vida real. Muestran la vida con maquillaje, Botox y cabello perfecto. Hasta los niños han llegado a ser muy buenos para posar con sus padres de una manera que muestra la versión idealizada de los acontecimientos en su vida.

Yo seré el primero en admitir que el impacto de los demás en mi vida es ignorado a menudo porque mi mente anda en otras cosas. ¡Mi vida como esposo, padre, hijo, vicepresidente, terapeuta y estudiante es muy ocupada! Pero cuando pauso y pienso en el impacto de mi abuelo, mis abuelas, mi papá, mi mamá, mi hermano, mi hermana, mis amigos, mis entrenadores, mis vecinos, mis maestros, mis profesores y otros, me lleno de gratitud por el conjunto único de conexiones que Dios está usando para formarme. La gratitud me da verdadera paz en el caos de la vida.

Dios nos dice que no imitemos al mundo, sino que transformemos nuestra mente (Romanos 12:2). Nos dice que capturemos los pensamientos (2 Corintios 10:5). En Proverbios 4:23, nos dice que cuidemos nuestro corazón. Es tan importante mantener nuestra mente apuntando en la dirección correcta. La gratitud es una buena forma de enfocar su mente.

Dedíquele algo de tiempo a reflexionar en este pasaje bíblico maravilloso:

> Por lo tanto, de la manera que recibieron a Cristo Jesús como Señor, ahora deben seguir sus pasos. Arráiguense profundamente en él y edifiquen toda la vida sobre él. Entonces la fe de ustedes se fortalecerá en la verdad que se les enseñó, y rebosarán de gratitud. (Colosenses 2:6-7)

Observe los verbos de este pasaje: *recibieron, seguir, arráiguense, edifiquen, fortalecerá, enseñó* y *rebosarán*. ¡Qué meta tan asombrosa para mi mente como padre! Hay bastantes momentos en los que mi mente se amarga y necesita el refrigerio de la Palabra de Dios y la disciplina de la gratitud.

¿Ven sus hijos el misterio del Espíritu Santo en usted? Lo que me encanta de Colosenses 2:6-7 es la realidad de que Dios obra en mí, el proceso de edificación que Dios ha usado para fortalecer mi fe y la comprensión de todo lo que él me ha enseñado a lo largo del camino. Este pasaje se trata de tener gratitud por el proceso imperfecto y difícil de llegar a estar arraigados más profundamente en Dios.

La palabra para *humildad* proviene de la palabra raíz *humus*. El humus en la tierra provee nutrientes y retiene el agua, lo cual ayuda a las plantas y a los árboles a tener raíces profundas. Un ingrediente clave de la gratitud es la humildad. Es darse cuenta de que siempre hay mucho que agradecer todos los días, inclusive el solo hecho de poder respirar, tener casa y comida, tener el calor del sol y tener una familia. Inclusive en medio del caos y las dificultades, podemos estar agradecidos.

Hace varios años, cuando tenía veintitantos años, estaba en la casa nueva de mis suegros en una gran reunión familiar. Yo estaba conversando con el tío de mi esposa cuando, de repente, el agua que tragué se me fue por el otro lado. Nunca había experimentado eso antes, y fue aterrador. No podía respirar y me dio una tos de perro. El tío de mi esposa no sabía qué hacer. El resto de la familia observaba consternada mientras yo respiraba con dificultad. Pensé que me iba a morir. Mi suegra (enfermera) llegó y me movió como una muñeca de trapo e intentó hacer la maniobra de Heimlich. Ella pensó que tenía algo trabado en la garganta. De repente, mi garganta se calmó y pude respirar otra vez. No pude hablar por unos minutos, y estaba empapado de sudor. Había traumatizado a todos en la habitación, incluyéndome a mí. De inmediato me sentí agradecido por el simple hecho de poder respirar y estar vivo.

Al igual que muchos, he tenido varios incidentes más como este a lo largo del camino, con mis hijos y esposa como testigos. Esos momentos han sido bastante aterradores para ellos cuando ocurren inesperadamente en un estacionamiento, en casa, mientras conducimos o al dormir. Cada vez que ocurre, se me quedan mirando aterrados.

Esto me ha ayudado a darme cuenta de cómo puede cambiar la vida en cualquier momento, y le ha dado a nuestra familia momentos de gratitud por la vida misma. Tendemos a ser más agradecidos cuando pensamos que podemos perder algo. Dicho de otra manera, no nos damos cuenta por completo de lo que tenemos hasta que estamos a punto de perderlo.

De niño, después de un cumpleaños o de Navidad, mi mamá nos hacía sentarnos a escribir notas de agradecimiento. Tengo que admitir que no era mi actividad favorita. Sin embargo, me enseñó a pausar en mi vida para estar agradecido y agradecerles a los demás.

No hace mucho, leí sobre John Kralik. Él escribió el libro *A Simple Act of Gratitude: How Learning to Say Thank You Changed My Life* (Un simple acto de gratitud: Cómo aprender a decir gracias transformó mi vida). Él decidió asumir el desafío personal de escribir 365 notas de agradecimiento en un año, una al día. Quería enfocarse hacia afuera y buscar razones para estar agradecido cada día. Eso cambió su vida. La gratitud verdadera y genuina tiene como resultado el bienestar. Dios la diseñó para que así fuera.

Hay una razón por la cual las notas de agradecimiento han mantenido una presencia tan persistente en la historia de la raza humana. Todos queremos que se fijen en nosotros. A todos nos gusta que se reconozcan nuestros esfuerzos. Todos nos sentimos bien cuando nuestros actos de amabilidad, generosidad, sacrificio u hospitalidad dejan una impresión duradera.

¿A quién podría escribirle una nota de agradecimiento? ¿Y si guía a su familia a escribirle entre todos una nota de agradecimiento a alguien que ha invertido en su familia? ¿Y si hoy mismo envían un simple mensaje de texto o llaman a alguien con un genuino «Gracias por...»?

LA DISCIPLINA DE ELEGIR LA GRATITUD

«Sean agradecidos en toda circunstancia» (1 Tesalonicenses 5:18).

Hay suficientes circunstancias que pueden desviarnos de la gratitud a pesar de nuestras buenas intenciones. Sin embargo, podemos aprender a reenfocar deliberadamente nuestra mente en la gratitud. De hecho, me he enterado de algunos optimistas a nivel ninja que constante y conscientemente redirigen su mente hacia la gratitud, a pesar de circunstancias bastante complicadas.

He aquí un ejemplo de mi vida. Puedo estresarme con rapidez cuando veo nuestra casa desordenada y en caos. Así que, con el paso de los años, he aprendido a esforzarme por llevar a mi mente a estar agradecida de tener una casa y cosas que organizar en vez de enfocarme nada más en el desorden. Aunque no lo crea, a veces he pausado, he salido a mirar la casa y, conscientemente, he redirigido a mi mente a estar agradecido por la casa. Siempre hay algo que hacer en nuestra casa, pero también es el lugar donde vive, juega, aprende y ama mi familia. En los momentos caóticos, soy capaz de recuperar la sensación de paz al tener una vista más amplia y completa de la casa durante unos momentos. Doy lugar a posibilidades y oportunidades cuando reinicio mi perspectiva.

Sin embargo, no me malentienda. Redirigir su mente a ser agradecida a pesar del estrés de la vida no es fácil. Reconozco por completo el desafío de practicarlo.

Recuerdo cuando nuestra familia hospedó a James Irwin, uno de los astronautas que pisó la luna, cuando yo era niño en la Ciudad de México. Mis padres lo conocían por eventos y conexiones de nuestra iglesia en México. James Irwin es el que alentó a mis padres a considerar mudarse a Colorado Springs. Recuerdo que a él le gustaba sonreír y reírse. Una de las cosas que recuerdo que dijo durante esa visita es que la tierra se veía tan pacífica desde el espacio, aunque él sabía que estaba llena de caos. Dijo que se llenó de asombro y gratitud al ver la tierra desde la luna. La perspectiva puede cambiar lo que vemos.

El hermano Lorenzo aprendió a practicar la presencia de Dios al dar gracias y alabar mientras lavaba platos en la cocina del monasterio. Y C. S. Lewis, en su autobiografía espiritual, *Sorprendido por la alegría*, nos dice que la gratitud fue un ingrediente clave en su conversión a Cristo. Eso se debe a que la gratitud siempre lleva los pensamientos más allá de uno mismo. La gratitud nos eleva directamente a la presencia de aquel a quien le debemos todo regalo que es bueno y perfecto (Santiago 1:17).

En pocas palabras: los chicos crecen pronto, y usted tiene el privilegio de ser parte de su vida. Mientras más agradecido esté por las oportunidades bellas, incómodas, desafiantes, imperfectas y divertidas que provee la crianza de los hijos, más paz experimentará, incluso en medio de los momentos caóticos de la vida.

EL PADRE AGRADECIDO: CINCO EJERCICIOS CLAVES

La gratitud requiere una redirección constante de la mente porque somos propensos a distraernos por el momento presente, las experiencias pasadas, la familiaridad, el aburrimiento, el estrés y las pruebas. Yo la veo como un ejercicio de la mente. Dele un vistazo al siguiente ejercicio:

1. Fíjese

Elgin Staples, de diecinueve años, de Akron, Ohio, señalador de tercera clase, sirvió en la Segunda Guerra Mundial[3]. Estaba a bordo del USS *Astoria*, cerca de Guadalcanal, cuando fueron atacados por un crucero japonés. Alrededor de las dos de la mañana, una explosión en el barco lanzó a Staples al aire y al mar. Staples se mantuvo a flote mediante un cinturón salvavidas de hule. Las esquirlas hirieron sus dos piernas.

Alrededor de las seis de la mañana, el USS *Bagley* llegó a ayudar a los sobrevivientes. A Staples y a otros sobrevivientes rescatados los regresaron al *Astoria* para ayudar a salvar el barco, pero al final este se hundió, y Staples fue lanzado al agua otra vez. Alrededor del mediodía, el buque de transporte USS *President Jackson* llegó para iniciar un segundo rescate. A bordo del USS *President Jackson*, Staples observó que el salvavidas que lo había ayudado a sobrevivir había sido fabricado en Firestone Tire and Rubber Company (la compañía de llantas y hule Firestone) de Akron, Ohio, su ciudad natal.

Al llegar a casa, mientras compartía tiempo con su familia, Staples les mostró el aparato que le había salvado la vida. Estaba agradecido de estar vivo, y reconocía que le debía, en parte, el haber sobrevivido al cinturón.

Su mamá le dijo que ella había conseguido trabajo en Firestone Tire and Rubber Company para ganar dinero adicional cuando él estaba en el extranjero. Ella estaba agradecida por la oportunidad de ese trabajo. Rápida y emocionadamente, Elgin le dijo que el salvavidas había sido fabricado donde ella trabajaba. También le mostró un conjunto de números que había observado en el salvavidas.

Cuando su mamá vio el salvavidas, se llenó de emoción. Le dijo que el número correspondía al número del inspector, y que el conjunto de números de su salvavidas era su número como inspectora. Ella había inspeccionado la calidad del salvavidas que había salvado la vida de su hijo.

La gratitud de Staples por la vida y la gratitud de su madre por el trabajo proveyeron fortaleza en medio de la adversidad.

Los padres enfrentan adversidades. Ya sea falta de sueño, malas calificaciones, enfermedad, problemas económicos, la pérdida del trabajo, la pérdida de la fe, un conflicto o cualquiera de una multitud de otras pruebas, la gratitud puede dar perspectiva. J. P. Moreland y Klaus Issler escribieron en *The Lost Virtue of Happiness* (La virtud perdida de la felicidad) que la vida está llena de la presencia creativa de Dios, pero a veces no logramos ver la obra de Dios en nuestra vida, o la descartamos como una coincidencia[4].

Tómese el tiempo para darse cuenta de cómo Dios está

involucrado en los detalles que están formando su historia junto con las historias que él está desarrollando en los que lo rodean.

Dese cuenta de:

- lo que Dios está haciendo en usted, su cónyuge y sus hijos
- lo que tiene en vez de lo que no tiene
- los contribuidores: aquellos que han contribuido tiempo, esfuerzo y dinero a su vida
- los alentadores: aquellos que le han dicho palabras alentadoras o le han escrito notas de aliento a lo largo del camino
- los influenciadores: aquellos que han dicho o hecho cosas que lo han influenciado e impulsado de manera positiva
- la creación de Dios
- la respuesta de Dios a sus oraciones
- lo que hacen sus hijos y su cónyuge
- lo que Dios quiere que usted haga
- el hecho de que cada día ofrece algo nuevo

Hace unos años, mi hijo, Alex, y yo fuimos a esquiar. Él faltó un día a la escuela, y yo me tomé un día libre del trabajo. Ese día, yo me sentía genuinamente agradecido tan solo por estar afuera en la montaña. No hacía mucho que había pasado por dos cirugías de cadera y una de hombro. ¡En lo único que podía pensar era en cuán bendecido y feliz estaba de poder esquiar! No había estado en las laderas desde hacía varios años. En un momento, pausé y esperé a Alex, ya que él apenas estaba aprendiendo a esquiar. Me maravillé con la belleza de mis alrededores: el cielo azul claro, la nieve blanca y pura, los peñascos que sobresalían de los picos de las montañas, la frescura de los abetos y los pinos. Estaba en verdad agradecido por todo eso, y hasta este día recuerdo lo bien que se sentía. Fue como dejar atrás el aire frío e intenso y entrar al lujo de una humeante bañera de hidromasaje. ¡No hay palabras para describir el efecto que tuvo esa emoción en mi actitud y perspectiva ese día! Me doy cuenta de que esos no son momentos comunes, pero son momentos bellos. El punto es detenerse a observar. Para fijarse, necesita intención y enfoque, pero vale la pena.

2. Aprecie lo que tiene

Hace varios años, yo era un trabajador social de la escuela e hice una visita a un hogar para evaluar lo que necesitaba una mamá en particular en vista de los desafíos que experimentaba. Sinceramente puedo decir que la mujer que abrió la puerta era una de las damas más valientes y heroicas que he conocido en mi vida.

Anita era una mamá soltera inmigrante cuyo primer idioma era el español. Se había casado con un hombre estadounidense que la había abandonado con sus hijos. Ella limpiaba casas para mantener a sus dos hijos. Los dos tenían síndrome de Down. Uno de ellos también sufría de problemas físicos severos debido a defectos de nacimiento. Los médicos habían previsto estos problemas y, como resultado, le habían aconsejado a Anita que abortara los dos embarazos. Ella recordó estar sentada en la clínica de abortos, esperando abortar su primer embarazo, cuando decidió que no quería seguir adelante con ello. Dijo que el personal de la clínica de abortos trató de convencerla de que era la mejor decisión, pero ella no estuvo de acuerdo. Salió de la clínica y estuvo eternamente agradecida por haberlo hecho. Su hijo nació con discapacidades severas, pero, con el tiempo, observó el increíble efecto que su hijo estaba teniendo en su vida. Ella le agradeció a Dios por el hijo que le había dado.

Cuando le pregunté cómo estaba lidiando con su vida difícil, Anita me dio una respuesta que jamás olvidaré. Me dijo: «Amo a mis hijos, y cada uno es de Dios. No puedo imaginar mi vida sin ellos. Estoy agradecida cada día, y no cambiaría esta vida por otra». Anita había aceptado la vida que tenía. Su departamento era del tamaño de la mayoría de las cocinas. Trabajaba de tiempo completo. Un hijo tenía una máquina de oxígeno. Los dos hijos tenían desafíos físicos, mentales y emocionales significativos. Ella no salía a divertirse, pero atesoraba a sus amistades y veía a sus hijos como regalos increíbles. Estaba exhausta, pero constantemente mantenía una actitud positiva. Ella decidió apreciar en verdad lo que tenía, y se daba cuenta de que la presencia de Dios estaba en su vida. Eso la ayudó a ajustar su actitud y enfoque en la crianza de sus hijos y en su vida.

Pocos de nosotros tenemos que enfrentar la clase de desafíos que Anita enfrentaba, pero todos tenemos dificultades.

Las dificultades pueden distraernos y hacer que nos enfoquemos en nosotros mismos. La gratitud nos ayuda a reenfocarnos en una visión global que incluye a los demás y a la soberanía de Dios en nuestra vida.

3. Tome fotos

En los funerales, las graduaciones y las bodas, constantemente me conmueven los momentos que dan un vistazo de la historia global de la vida de una familia. Verá, tales momentos son como fotos, imágenes de un punto en el tiempo. Esos momentos captados son parte de una experiencia más grande. Y esa experiencia es parte de varias otras historias que se entrelazan en un cuadro mucho más grande. Ese cuadro más grande es la obra de arte de cómo Dios está entrelazando todos esos eventos para nuestro bien y para la gloria de su reino.

Tenemos vistazos de algunos de los momentos importantes de la vida de cada persona, pero a menudo no podemos ver fotos de los momentos de adversidad que pueden formar las vidas y las relaciones.

Como lo mencioné en un capítulo anterior, he viajado con un grupo de papás durante los últimos años al desierto de Ansel Adams. Cada uno de los papás del viaje lleva a un hijo mayor de doce años. Hay desafíos difíciles que cada pareja de padre e hijo enfrenta, tal como escalar, descender en rapel un risco alto y saltar a un lago congelado. Los papás escriben bendiciones para sus hijos, y los hijos les escriben cartas de aliento a sus papás. Hay momentos poderosos de conexión, y se toman muchas fotos, tanto digitales como mentales. Las fotos captan momentos de adversidad que cada pareja de padre e hijo conquistó. Esos momentos fortalecieron su valentía y su relación.

¿Y si enfrentáramos así los desafíos de cada día en nuestra vida? ¿Y si les tomáramos fotos a los momentos útiles que desarrollan valor, relación y carácter, todos aquellos momentos que no podemos evitar como padres y familia?

Lo desafío a detenerse a tomar fotos, ya sean digitales o mentales, de estos momentos de la vida de su familia. Dese cuenta de cómo cada foto capta un solo momento. Con gratitud, considere cada momento y todo lo que revela de su familia. Quizás su familia está creciendo en consideración, compasión o colaboración. Dese cuenta de cómo la historia de su familia está más llena y es más rica cuando fotografían esos momentos juntos, como un álbum de fotos de la historia y el crecimiento de su familia.

La gratitud, en esencia, es una manera de ver al mundo desde varios ángulos. Ayuda a una persona a superar las pérdidas, la adversidad, la dificultad o los desafíos. La gratitud ayuda a la persona a ver que la vida, a fin de cuentas, se acaba, que cada día es un regalo y que cada día cuenta. David escribió: «SEÑOR, recuérdame lo breve que será mi tiempo sobre la tierra. Recuérdame que mis días están contados, ¡y cuán fugaz es mi vida!» (Salmo 39:4). En el Salmo 90:12, Moisés escribió: «Enséñanos de tal modo a contar nuestros días, que traigamos al corazón sabiduría» (RVR60).

Los niños pueden ser dotados en esta clase de gratitud. Se asombran con más facilidad que los adultos porque han tenido menos experiencias en la vida. Una noche, no hace mucho, mis hijos y yo estábamos saltando en el trampolín del patio trasero cuando Lexi miró hacia arriba y dijo: «¡Cómo me gusta aquella estrella! Siempre es la primera en salir. ¡Es tan bella! ¡Es mi favorita entre todas las estrellas del cielo!». Me ayudó a detenerme y a fijarme.

La reacción de Lexi a la estrella me hizo recordar que las personas agradecidas disfrutan de la vida. Y Dios nos ha dado suficientes cosas maravillosas que disfrutar. Perdemos de vista esas maravillas diarias cuando las circunstancias toman el mando o cuando estamos demasiado ocupados. Pero la belleza siempre está allí, incluso cuando no le prestamos atención. Es por eso que Pablo nos recuerda que volvamos a pensar en las cosas que son verdaderas, honorables, justas, puras, bellas y admirables (Filipenses 4:8). Es por eso que nos dice que demos gracias en toda circunstancia (1 Tesalonicenses 5:18). Como ya hemos visto, la gratitud es una clase de «músculo mental» que se debe mantener en forma con el ejercicio diario.

La gratitud que se ejerce con regularidad llega a ser un antídoto efectivo para la ansiedad y el miedo. Le permite ver todo el universo desde una perspectiva totalmente nueva. Lo convierte del pesimista que ve el vaso medio vacío al optimista que ve el vaso medio lleno. Hace posible ver el potencial en los demás en vez de enfocarse en sus defectos. Incluso lo inspira a usted a dar gracias por esos defectos, ya que, sin ellos, tendría menos oportunidades para demostrar gracia, perdón y amor. La gratitud le ayuda a aceptar sus propias imperfecciones para que, a su vez, pueda aceptar las imperfecciones de los demás.

Usted puede transformar sus relaciones familiares al hacerse algunas preguntas sencillas: ¿En qué me enfoco cuando miro a mi familia? ¿Nada más me doy cuenta de lo que no hacen? ¿O me enfoco en las cosas buenas que hacen? ¿Es mi primer instinto corregir sus defectos? ¿O, en lugar de eso, soy rápido para ver la visión global del diseño de Dios y su obra en ellos y reacciono con gratitud?

Tener una conversación continua con Dios sobre nuestra familia puede ayudarnos a reconsiderar y a transformar nuestra perspectiva para no ver frustraciones quisquillosas y ver, más bien, a los miembros de nuestra familia con lentes de amor, alegría, paz, paciencia, gentileza, bondad, fidelidad, humildad y autocontrol, incluso en medio del caos y las dificultades. ¡Eso sin duda sería un motivo para tomar fotos!

4. Sea genuino

La gratitud genuina se expresa con sonrisas genuinas (nuestro cerebro reacciona positivamente a las sonrisas genuinas e ignora las sonrisas falsas), los abrazos auténticos y los cumplidos que son verdaderos y se basan en hechos, no solo en palabras que suenan dulces. La gratitud genuina llega más eficazmente cuando uno es capaz de aceptar y acoger a la otra persona como un paquete completo, con defectos y todo. En mi experiencia como consejero, he visto caso tras caso donde la gratitud genuina crea conexión y confianza entre las personas.

El apóstol Pablo ocupa un lugar especial en las páginas de las Escrituras como alguien que expresó gratitud genuina en

ACTIVIDAD

Marcadores de tiza

Utilice un marcador de tiza (u otro marcador lavable) para escribirles notas a sus hijos en el espejo del baño o de su habitación. Cuando yo lo hago para mis hijos, escribo cosas por las que estoy agradecido o verdades de lo que Dios quiere que ellos sean. Intencionadamente hago que cada mensaje sea único para así ayudar a cada hijo a ver que mis palabras son genuinas.

Considere los mensajes que nos decimos a nosotros mismos cuando nos paramos frente al espejo. Allí es donde se pueden absorber falsedades. Es donde las cosas negativas que pensamos de nosotros mismos echan raíces en nuestra mente. Es por eso que aquel es el lugar perfecto para decirle la verdad sobre quién quiere Dios que su hijo sea y sobre lo que Dios está haciendo a través de él o ella.

toda clase de circunstancias, y nosotros podemos aprender mucho de su ejemplo. Aun en medio de pruebas, correcciones, sufrimientos y desgracias, él tenía la seguridad de que Dios lo fortalecía. Como resultado, estaba en verdad agradecido en todo lo que se le presentaba.

Pablo escribió: «Es por esto que me deleito en mis debilidades, y en los insultos, en privaciones, persecuciones y dificultades que sufro por Cristo. Pues, cuando soy débil, entonces soy fuerte» (2 Corintios 12:10). Esta misma actitud de gratitud fue la que lo ayudó a escribir: «Y sabemos que Dios hace que todas las cosas cooperen para el bien de quienes lo aman y son llamados según el propósito que él tiene para ellos» (Romanos 8:28). Establecido firmemente en la roca sólida de esa convicción, para Pablo era natural exhortar a otros cristianos a ser agradecidos (Colosenses 3:15).

Como papá, me gusta pausar de vez en cuando para recordarme a mí mismo estar agradecido por mis hijos a este nivel profundo y auténtico. A veces, cuando están durmiendo, entro a sus habitaciones y oro al lado de sus camas, y le expreso a Dios mi gratitud por su regalo para mí. Es como beber agua cuando tengo mucha sed. Refresca mi alma y reinicia mi relación con Alex y Lexi como casi nada más puede hacerlo. Creo esto porque Dios ha programado nuestro cerebro para reaccionar a la gratitud como el cuerpo reacciona al descanso, la nutrición y la medicina curativa. Cuando damos gracias genuinamente, nuestro cerebro se renueva, toma una forma nueva y se redirige. Es interesante que los estudios sobre la gratitud en toda la década pasada han reforzado esta realidad. Dios en verdad sana y fortalece una mente agradecida, sin importar lo caótica, cansada o quebrantada que esté. La Palabra de Dios nos dice en Romanos 12:9: «El amor sea sin fingimiento» (RVR60). Pablo nos dio un ejemplo maravilloso del amor y el agradecimiento genuino. En las cartas que les escribió a varias iglesias, les hablaba de su gratitud por su constancia, fidelidad y perseverancia. Él era genuino y apasionado en su expresión de gratitud hacia el pueblo de Dios.

Un estudio publicado en el 2016 en la revista *NeuroImage* demostró de manera concluyente que las personas que tienen la práctica regular de expresar gratitud —en especial aquellas que formalizan el proceso al escribir las cosas por las que están agradecidos en su agenda o diario— activaron esas partes del cerebro asociadas con sentir y expresar empatía por los demás[5]. Dicho de otra manera, las personas que se sienten agradecidas tienen más probabilidades de acercarse a ayudar a otros que aquellos que no se sienten así. En el

La mesa de la paz

La mesa de la paz les da a los miembros de la familia la oportunidad de compartir las cosas por las que están agradecidos y por las que están frustrados. Trata de hacer del hogar un lugar mejor y de fomentar el desarrollo de la gratitud genuina en el corazón de cada persona que vive allí.

El primer paso es que cada persona escriba las cosas por las que está agradecida. Segundo, cada persona puede escribir frustraciones y sugerir soluciones.

Ponga alguna clase de contenedor para los trozos de papel en un lugar prominente en la casa. Puede ser en la encimera de la cocina o en la mesa. Luego, establezca una hora, una vez a la semana, en la que todos se reunirán para discutir lo que se ha escrito,

contexto de la familia, eso puede significar un mayor grado de cooperación y disposición a trabajar juntos en el hogar. Los padres mismos pueden establecer el ritmo al estar agradecidos y ser empáticos, comenzando en su matrimonio. Considere lo que podría ocurrir si usted y su cónyuge se escribieran notas de agradecimiento el uno al otro y sus hijos pudieran observarlo. ¡No hay mejor manera para que los hijos aprendan comportamientos y actitudes positivos que observando y reflejando a mamá y papá!

5. Sea paciente

La paciencia fomenta la gratitud. Deja tiempo para que las emociones fluyan y usted pueda controlar de manera más efectiva sus percepciones y sus recuerdos.

Los estudios han revelado que nuestro cerebro es más propenso a recordar las cosas malas que las buenas. El cerebro está diseñado para, en cuestión de milisegundos, extraer del pasado y anticipar el futuro mientras vive en el presente. Está diseñado para hacer juicios rápidos.

Cuando el salmista Asaf se vio tentado a rendirse a la desesperación, se resistió al ser selectivo con paciencia en sus observaciones. Conscientemente enfocó su mente en la historia más grande de Dios en lugar de quedarse atrapado en sus circunstancias actuales. Escribió: «Y yo digo: "Este es mi destino; el Altísimo volvió su mano contra mí". Pero después me acuerdo de todo lo que has hecho, oh Señor; recuerdo tus obras maravillosas de tiempos pasados. Siempre están en mis pensamientos; no puedo dejar de pensar en tus obras poderosas» (Salmo 77:10-12).

Este salmo me recuerda que ¡algunos de los principios de la psicología positiva han existido por mucho, mucho tiempo! Asaf sabía que la forma de despejar su mente y sacarla de sentirse abrumado y deprimido era recordar los tiempos que había visto obrar a Dios.

El apóstol Pablo escribe sobre una verdad similar en Romanos 12:2:

quizás durante la cena o con el postre.

Primero, lean las notas que comparten agradecimientos y afirmen su propio agradecimiento genuino por esas cosas.

Después, lean las notas que comparten frustraciones. Reconozca los sentimientos y afirme la intención de la familia de trabajar juntos para buscar soluciones. Esfuércense por llegar a una solución y comprométanse a llevarla a cabo. Decida quién se hará cargo de que el plan funcione. Hagan una lista de esas tareas y los nombres de las personas responsables de cada una. Adhiérala a su refrigerador.

Cuando hayan alcanzado la meta, hagan algo para celebrar (compren helado, jueguen un juego juntos, vayan al cine o salgan a cenar). El propósito es crear el trabajo colectivo en familia hacia la gratitud, las resoluciones y las celebraciones.

Caja del Día de Año Nuevo

En la víspera de Año Nuevo, mucha gente reflexiona en el año que pasó conforme se prepara para recibir el año nuevo. A lo largo del año, usted puede usar una caja para reunir objetos que reflejan los acontecimientos memorables de ese año. Podría reunir fotos o recuerdos pequeños de cumpleaños, de vacaciones, de eventos deportivos, de recitales de *ballet*, de comidas fuera de casa, de visitas de parientes, del día de San Valentín, de Navidad, de lo que quiera. Ponga todas esas cosas en su caja a medida que pasan los días.

Cuando llegue la víspera de Año Nuevo, saque la caja y pase un tiempo con su familia hablando de los eventos que cada artículo representa. Habrá mucho por lo cual estar agradecidos. Reflexione en lo que su familia ha conquistado, perseverado, logrado y disfrutado a lo largo del camino.

«Dejen que Dios los transforme en personas nuevas al cambiarles la manera de pensar». Este no es un proceso rápido. Requiere paciencia.

Tengo un vívido recuerdo de reunirme con un adolescente que acababa de salir del hospital. Había tratado de quitarse la vida, pero, por fortuna, no había tenido éxito. Llegó a mi oficina de consejería y me dijo: «¡Qué diferencia pueden marcar dos semanas en la vida! Me alegro mucho de no haberme matado». Dijo que la vida había cambiado drásticamente en dos semanas. Había llegado a darse cuenta de que las circunstancias de la vida, ya sean buenas o malas, no son permanentes. Según comenzó a tenerles paciencia a los demás, a la vida y a sí mismo, se sintió más agradecido por la vida. También aprendió a tenerle paciencia al tiempo de Dios en lo que Dios revela una historia grandiosa.

La memoria tiene un sistema de reproducción de video altamente técnico. Usted puede decidir qué videos quiere ver. Hay beneficios mentales, emocionales y físicos por recordar las cosas positivas. Sea selectivo, y tenga cuidado con su interpretación.

Lleve a su mente a registrar, archivar y celebrar la historia de su familia. Sea paciente con lo que Dios está haciendo en sus hijos y en su propia vida. La foto se está revelando.

UNA VIDA DE GRATITUD

Los antiguos chinos y egipcios antiguos descubrieron algo profundo cuando comenzaron a escribir y compartir sus notas de agradecimiento en papiro. Ellos sabían, así como las personas de cada tiempo y lugar han sabido siempre, que en sí nunca experimentamos la vida en su plenitud si no la hemos visto con suficiente claridad como para dar gracias por todo lo que implica. Eso incluye tanto lo bueno como lo malo.

El presidente John F. Kennedy lo dijo así: «Al expresar nuestra gratitud, nunca debemos olvidar que el agradecimiento máximo no es pronunciar palabras, sino vivir según ellas[6]».

LA GRATITUD

LA GRATITUD es una decisión. Es una decisión de ver al mundo y las experiencias a través del lente de la gratitud.

ENFOQUE SU MENTE EN

LO QUE TIENE	**NO EN**	LO QUE NO TIENE

EL CRECIMIENTO	**NO EN**	LAS EXPECTATIVAS

EL POTENCIAL	**NO EN**	LAS DEFICIENCIAS

LAS OPORTUNIDADES	**NO EN**	LAS FALLAS

IDEA CLAVE

- Jamás experimentamos en sí la vida en su plenitud hasta que la hemos visto con suficiente claridad como para dar gracias por todo lo que implica. Eso aplica el doble para la vida familiar.

- La gratitud lleva al contentamiento, la salud, la humildad, la conexión, la paz y menos estrés.

- La gratitud requiere práctica y es una disciplina esencial.

ACCIONES

- Fíjese
- Tome fotos
- Sea paciente
- Sea genuino
- Aprecie lo que tiene

APÉNDICE

Preocupaciones de los padres en cada edad y etapa

A LO LARGO DE MIS AÑOS trabajando con familias y manteniéndome al día de los estudios más recientes, he descubierto que todos los padres enfrentan desafíos únicos. Mi esperanza es que los siete elementos indispensables para la crianza de sus hijos le den un patrón que usar en cada edad y etapa del desarrollo de su hijo y con los desafíos que usted enfrentará.

He enumerado a continuación algunas de las preocupaciones más comunes que los estudios y mi experiencia identifican como desafíos de cada edad y etapa del desarrollo de su hijo.

FUTUROS PADRES

Los padres que esperan un hijo tienden a preocuparse por:

- lo desconocido
- la salud (la propia y la de su hijo)
- el trabajo
- las finanzas
- qué anticipar en cuanto al desarrollo

Si esperan un hijo, pueden aplicar los siete elementos indispensables para la crianza de sus hijos haciendo lo siguiente:

- Sean intencionados en comunicarse el uno con el otro mientras se preparan para tener un bebé.
- Esfuércense por ser respetuosos el uno con el otro en su comunicación mientras se preparan para la falta de sueño y para compartir tareas.
- Piensen en los contribuidores versus los consumidores, en los alentadores versus los desalentadores y en los influenciadores versus los desviadores en su propia vida para ver si el amor inquebrantable, el respeto, la adaptabilidad, la intencionalidad, la gracia y el perdón, las reglas y los límites y la gratitud se modelaron a lo largo del camino.
- Discutan el estilo de crianza con el que están más familiarizados, y exploren qué estilo de crianza quieren esmerarse por tener en su hogar.
- Hagan un esfuerzo para mejorar en los siete elementos como equipo, así como lo hacen los atletas en el campo de entrenamiento para la temporada regular.

NIÑOS DE CERO A TRES AÑOS

Los padres de niños de cero a tres años tienden a preocuparse por:

- el desarrollo y la base espiritual de su hijo
- su propia falta de sueño y los problemas de sueño de su bebé

- los comportamientos desafiantes y fuera de control de su hijo
- la disciplina (si se le dan nalgadas o se aplica la técnica de tiempo fuera)
- su estilo de crianza y diferencias en su crianza
- la división de quehaceres entre los padres
- las rutinas y las agendas apretadas
- la salud de su hijo
- si deben tener una niñera para su hijo

Si son padres de un niño de cero a tres años, pueden implementar los siete elementos indispensables para la crianza de sus hijos haciendo lo siguiente:

- Demuestren amor inquebrantable conociendo las diferencias de crianza del otro y, de manera respetuosa, buscando maneras de trabajar juntos como equipo.
- Demuestren respeto en cómo se comunican con su cónyuge y escuchándose con cuidado y observando lo que su hijo trata de comunicar por medio del llanto y otros comportamientos.
- Establezcan límites al poner en práctica correcciones constantes a ciertos comportamientos y emociones.
- Dé gracia, dándose cuenta de que su cónyuge no es perfecto. Aliente en vez de criticar. Reconozca también que el llanto y los problemas de comportamiento de su hijo se pueden deber al hambre, a la incomodidad o a la falta de sueño. Puede ver los problemas de

comportamiento como una oportunidad para moldear, edificar y enseñar en la vida de su hijo.

- Demuestre gratitud adoptando la perspectiva de que ser padre es una bendición sagrada. La gratitud infunde paciencia en los momentos frustrantes. La gratitud también es la base para llegar a ser un padre amoroso, respetuoso e intencionado, y provee la energía para superar las noches de falta de sueño.

- De manera intencionada, pase tiempo con su cónyuge y establezcan los horarios y las rutinas que se necesitan en su hogar. La intencionalidad en esta edad y etapa también se trata de desarrollar hábitos y patrones para una base espiritual en su hogar, como la oración, leer la Biblia, ir a la iglesia y hablar de Dios en los momentos diarios.

- Decida ser adaptable al mantener una mente abierta y flexible con las imperfecciones de ser padres de un infante o niño pequeño. Habrá muchos desórdenes, enfermedades inesperadas y momentos frustrantes.

NIÑOS DE CUATRO A SIETE AÑOS

Los padres de niños de cuatro a siete años tienden a preocuparse por:

- el desarrollo espiritual
- problemas de comportamiento
- la disciplina y los límites (aprender a tomar tiempo fuera para pausar y reflexionar)

- el juego colaborador
- el desorden
- la adaptación de su hijo en la escuela
- la división de los quehaceres en el hogar
- la comunicación como pareja y la relación sexual como pareja
- las diferencias en la disciplina

Los niños de cuatro a siete años:

- son activos y les encanta moverse mientras aprenden, en especial los varones
- quieren ser ayudantes
- necesitan dirección, constancia, rutinas, reglas claras, disciplina y predictibilidad
- tienden a desafiar la autoridad, pero quieren agradar y no decepcionar
- quieren hacer cosas difíciles y tratar de hacer las cosas por sí mismos
- son sensibles a la crítica y quieren hacer bien las cosas
- tienden a ser mandones
- les encanta jugar en grupos y están enfocados en los amigos
- pueden desarrollar un fuerte sentido del bien y del mal
- a veces son dramáticos
- a veces dicen que las cosas son injustas, o se quejan de las reglas
- pueden tener malhumor y «estancarse» en lo emocional

Si ustedes son padres de un niño de cuatro a siete años, pueden aplicar los siete elementos indispensables para la crianza de sus hijos haciendo lo siguiente:

- Denle a su hijo reglas y límites claros y congruentes.
- Permitan que su hijo experimente la adversidad, la decepción, el fracaso y el desafío.
- Modelen el respeto hacia los demás.
- De manera intencionada, desarrollen reglas, límites y equilibrio para su hogar.
- De manera intencionada, reconozcan y discutan la presencia de Dios en su vida diaria.
- De manera intencionada, oren y discutan juntos la Palabra de Dios.
- Adáptense a la personalidad y circunstancias únicas de su hijo.
- Demuestren amor inquebrantable cuando su hijo desobedezca o se porte mal en tiempos inconvenientes.
- Practiquen la gratitud para que los ayude a mantener la perspectiva cuando las cosas se sientan caóticas.
- Usen la gracia y el perdón para reparar las relaciones en su hogar cuando las cosas no van bien.

Al implementar los siete elementos indispensables para la crianza de sus hijos, usted puede:

- proveer estructura

- proveer oportunidades para ayudar, fallar e intentar cosas nuevas
- ayudar a su hijo a encontrar desafíos apropiados para su edad
- proveer palabras alentadoras
- ayudar a su hijo a encontrar la presencia de Dios en su vida
- orar con su hijo y practicar aprender a escuchar a Dios
- ser constante con las reglas para ayudar a su hijo a entender el propósito de las reglas y los límites
- ayudar a su hijo a aprender a manejar sus emociones, pensamientos, necesidades y deseos
- reír y jugar con su hijo, y agregarles boberías y juego a las tareas que tardan mucho tiempo en completarse
- proveer distracciones cuando el cerebro de su hijo (emociones) se queda estancado

NIÑOS DE OCHO A DOCE AÑOS

Los padres de niños de ocho a doce años tienden a preocuparse por:

- el desarrollo espiritual de su hijo
- «la plática», la sexualidad y cómo guiar a su hijo en la pubertad
- la disciplina y la constancia
- las diferencias en la crianza
- la tecnología, el entretenimiento, el tiempo de pantalla, el equilibrio y los límites

- las amistades de su hijo
- su relación con su hijo (los conflictos, la comunicación, el tiempo juntos)
- el negativismo repentino de su hijo hacia sí mismo y los demás (en especial hacia sí mismo)
- problemas e inconstancias emocionales
- la disyuntiva de si es bueno tener pijamadas

Los niños que tienen ocho a doce años tienden a:

- ser sociables y tener amigos
- llegar a ser negativos rápidamente en cuanto a sí mismos
- quejarse
- tener conflictos más fuertes con sus hermanos
- querer la aprobación y la aceptación de los demás
- disfrutar del humor y hacer bromas
- estar más enfocados
- ser menos pacientes
- ser más sensibles a la crítica
- buscar formas ingeniosas de desafiar las reglas y los límites
- observar y seguir la forma en que sus compañeros buscan la espiritualidad

Los padres de los niños de ocho a doce años, quienes quieren abordar la educación sexual, «la plática», y guiar a sus hijos en la pubertad, aplicarán los siete elementos indispensables para la crianza de sus hijos haciendo lo siguiente:

- Modelar el amor matrimonial y el toque físico apropiado en el hogar.
- Platicar de qué se trata el amor inquebrantable desde el punto de vista de Dios.
- Enseñar sobre ser un contribuidor (quien se fija, quien edifica y quien conecta) y no un consumidor de personas.
- De manera intencionada, establecer tiempo para orar y leer la Palabra de Dios juntos como familia.
- Señalar la creación, la presencia y el diseño de Dios.
- De manera intencional, conversar con frecuencia sobre la sexualidad con el lente de Filipenses 4:8.
- Modelar el respeto a través de su propia sexualidad (lo que usted ve, lo que escucha, cómo toca a su cónyuge, dónde pasa su tiempo, cómo habla de sexo).
- Platicar intencionalmente y modelar la gratitud por los dones del sexo y la belleza de la manera en que fueron diseñados para ser disfrutados por medio del diseño de Dios.
- Aplicar la gracia al reconocer que lidiar con la pubertad y la sexualidad es difícil.
- Ser adaptable a las preguntas que vienen en momentos inesperados y a las diferencias de personalidad al discutir la sexualidad.
- Ser intencionado en establecer y discutir las reglas y los límites en cuanto a los medios de comunicación, el noviazgo, los teléfonos y las amistades.
- Hablar intencionadamente y con respeto sobre la cultura de su familia y la cultura latina en relación con

la sexualidad y la atracción. ¿Qué es bueno, bíblico y saludable? ¿Qué es destructivo o no muy bueno en lo relacional y espiritual en ambas culturas? ¿Cuáles hábitos culturales hay que abandonar?

Al implementar los siete elementos indispensables para la crianza de sus hijos en esta edad y etapa, usted puede:

- señalar específicamente lo que su hijo está haciendo bien
- enseñarle a su hijo a manejar su atención y su tiempo
- ayudarle a su hijo a aprender maneras de hacerse responsable de su propia fe, amar a los demás, servir a los demás y a estar consciente de las emociones de los demás
- enseñarle a su hijo a ser un edificador de sí mismo y de los demás desde una perspectiva bíblica
- enseñarle a su hijo a conectarse de verdad con los demás y a ayudar a otros a conectarse
- intencionadamente dedicar tiempo relacional que involucre tomar un té o un café, salir en citas o a caminar, jugar juegos, compartir la hora de la comida, ver películas y cualquier otra cosa que se le ocurra
- enseñarle a su hijo a manejar el fracaso, los errores, las pérdidas y la adversidad
- ayudar a su hijo a fijarse en y tener acceso a su sistema de apoyo de entrenadores, maestros, amigos, pastores, mentores y padres
- darle confianza a su hijo respecto a su singularidad

- señalarle a su hijo que ser heroico significa llegar a ser la mejor versión de lo que Dios quiso que fuera
- enseñarle a su hijo sobre las amistades y las relaciones
- ser claro, constante y atento al establecer reglas y límites
- hacer cumplir las reglas y los límites en vez de discutir cuando estos no se respetan

JÓVENES DE TRECE A DIECIOCHO AÑOS

Los padres de hijos de trece a dieciocho años tienden a preocuparse por:

- el desarrollo y la pertenencia espiritual de su hijo
- la comunicación, la resolución de conflictos y los desacuerdos
- las relaciones de su hijo
- el noviazgo, el sexo y los estándares morales
- la tecnología, el entretenimiento y el tiempo de pantalla
- la pornografía
- las amistades, la toma de decisiones y las influencias de su grupo
- la preparación para la universidad y la adultez
- los asuntos de la salud mental (depresión, ansiedad y el trastorno por déficit de atención e hiperactividad)
- el equilibrio de la vida de su hijo (las tareas, los deportes, las actividades extracurriculares, la escuela, los amigos, el noviazgo, el hogar y las responsabilidades)

Los hijos de trece a dieciocho años tienden a:

- asumir riesgos
- buscar pertenencia
- buscar pasar tiempo con los amigos
- involucrarse en actividades
- querer tiempo, atención y aprobación de sus compañeros y amigos
- ser cohibidos y autocríticos
- ser criticones y juzgones
- pensar que son adultos y que lo saben todo
- abrumarse y estresarse con más rapidez e intensidad
- desafiar las reglas y los límites
- querer libertad e independencia
- ser inseguros
- apreciar la novedad
- tener, en un inicio, una regresión en su madurez (a veces, llegan a ser más inmaduros que cuando tenían nueve o diez años) y luego maduran con rapidez en las responsabilidades que tienen al avanzar en la adolescencia
- disfrutar las boberías y las risas
- querer ser únicos, pero a la vez ser parte de lo que está de moda
- ser influenciados con más facilidad por la cultura, los mensajes, las modas, los amigos, los entrenadores y otros fuera del hogar
- especializarse más en sus intereses

Si ustedes son padres de un adolescente, pueden aplicar los siete elementos indispensables para la crianza de sus hijos haciendo lo siguiente:

- Modelar el amor inquebrantable de los unos por los otros.
- Mostrar respeto al guiar a su adolescente a través de la comunicación, el conflicto, las relaciones, el noviazgo, la tecnología, los teléfonos y el entretenimiento.
- Ser intencionados al establecer tiempo para el desarrollo y las conversaciones espirituales, y sobre las preocupaciones, la vida, el entretenimiento, la tecnología y el sexo.
- Establecer reglas y límites constantes y bien definidos que guíen a su hijo a convertirse en un adulto interdependiente.
- Demostrar y comunicar gratitud por la adversidad, el fracaso y las oportunidades de crecimiento.
- Usar la gracia y el perdón para reparar las relaciones y reconectarse.
- Ser adaptables a los horarios cargados y cambiantes, a las diferencias de personalidad y a la adversidad inesperada.

Al implementar los siete elementos indispensables para la crianza de sus hijos, pueden:

- establecer tiempo intencionado y constante para su adolescente (café, almuerzo, cena, desayuno, caminatas, ejercicio, excursiones)

- escuchar atentamente y recordar lo que dijo para que pueda hacerle preguntas de seguimiento después
- modelar la gracia
- modelar el amor por cómo ama a los demás, incluso a su cónyuge
- modelar una relación confiable y activa con Dios
- liderar tiempos de oración constantes y estar conscientes de las diferentes formas en las que Dios podría haber contestado las oraciones
- ayudar a su hijo a reflexionar en su propia toma de decisiones, sus amistades, sus opciones, sus intereses y sus opiniones
- ayudar a su hijo a desarrollar un sentido más profundo de autocomprensión
- ayudar a su hijo a aprender a definirse como seguidor de Cristo e hijo de Dios y no por lo que hace
- proveer reglas y límites constantes y discutir el propósito y el camino de su hijo a la interdependencia y las verdaderas libertades
- explorar temas y preguntas con más profundidad como: *¿Qué es la belleza? ¿Qué es la libertad? ¿Cómo decidimos quién es o no es popular? ¿Cuáles son las características de un buen amigo? ¿Qué le hace la oración a la mente?*
- elogiar específica y genuinamente a su hijo según lo que es (rasgos del carácter) y lo que hace (habilidades y talentos)
- proveer retroalimentación sincera con respeto, gracia y amor

RECONOCIMIENTOS

GRACIAS A JIM WARE, Randy Southern y Beth Robinson por ayudarme a darle forma a este libro y a completar el proceso de edición. Los editores que aman a Dios son como tener ángeles de Dios que trabajan con usted en todo el proceso de escritura. No es una tarea fácil, pero ustedes me ayudaron a lo largo del camino.

Gracias a Willy Wooten, quien me contrató en el 2004 para trabajar en el equipo de consejería de Enfoque a la Familia y me proveyó dirección a lo largo del camino. Willy Wooten y el equipo de consejería de Enfoque a la Familia fueron un grupo increíble con quienes trabajar al servir en el reino de Dios.

Gracias a Jim Daly, al equipo C y a la junta directiva de Enfoque a la Familia por confiar en que Dios me ha llamado a servir como Vicepresidente de Paternidad y Juventud en su ministerio. Es un honor servir al lado de cada uno de ustedes y de todo el personal. Estoy agradecido por servir en una organización, rodeado de talentosos hermanos y hermanas en Cristo, quienes están dedicados al llamado de Dios en su vida.

Gracias a los créditos de cierre de mi vida: los contribuidores, alentadores e influenciadores. Necesitaría muchísimas páginas para reconocer a todos los que han contribuido significativamente de una u otra manera a mi historia, desde mentores, entrenadores, hermanos y maestros, hasta jefes, compañeros de trabajo y vecinos. ¡GRACIAS!

NOTAS

CAPÍTULO 1: LOS CONTRIBUIDORES, LOS ALENTADORES Y LOS INFLUENCIADORES

1. Monica Anderson y Jingjing Jiang, «Teens' Social Media Habits and Experiences» [Los hábitos y las experiencias de los adolescentes en las redes sociales], Pew Research Center Internet & Technology, 28 de noviembre del 2018, https://www.pewresearch.org/internet/2018/11/28/teens-social-media-habits-and-experiences/.

2. Globe Newswire, «45% of Teens Say They're Stressed 'All the Time,' Turn to Online Resources and Apps for Help Says Poll on Stress and Mental Health» [El 45% de los adolescentes dice que están estresados «todo el tiempo», acuden a los recursos y aplicaciones en línea dice una encuesta sobre el estrés y la salud mental], 21 de febrero del 2018, https://www.globenewswire.com/news-release/2018/02/21/1372739/0/en/45-of-Teens-Say-They-re-Stressed-All-the-Time-Turn-to-Online-Resources-and-Apps-for-Help-Says-Poll-on-Stress-and-Mental-Health.html.

3. Royal Society for Public Health, «#StatusofMind: Social Media and Young People's Mental Health and Wellbeing» [#EstadodelaMente: Las redes sociales y la salud mental y el bienestar de los jóvenes], 2018, https://www.rsph.org.uk/our-work/campaigns/status-of-mind.html.

4. Kristen Harrison, Lia Vallina, Amelia Couture, Halie Wenhold y Jessica D. Moorman, «Sensory Curation: Theorizing Media Use for Sensory Regulation and Implications for Family Media Conflict» [Curación sensorial: Teorización del uso de los medios para la regulación sensorial e implicaciones para el conflicto familiar con los medios], *Media Psychology* 22, no. 4 (2019): 653–688.

5. Kit K. Elam, Laurie Chassin, Nancy Eisenberg y Tracy L. Spinrad, "Marital Stress and Children's Externalizing Behavior as Predictors of Mothers' and Fathers' Parenting» [El estrés matrimonial y el comportamiento exteriorizado de los hijos como predictores de la crianza de las madres y los padres], *Development and Psychopathology* 29, no. 4 (2017): 1305–1318.

CAPÍTULO 2: LA ADAPTABILIDAD

1. «Adaptable Decision Making in the Brain» [Toma de decisiones adaptable en el cerebro], *ScienceDaily*, 19 de junio del 2012, www.sciencedaily.com /releases/2012/06/120619225234.htm.

2. Matthew P. Walker, Conor Liston, J. Allan Hobson y Robert Stickgold, «Cognitive Flexibility across the Sleep-Wake Cycle: REM-Sleep Enhancement of Anagram Problem Solving» [Flexibilidad cognitiva en el ciclo de dormir y despertar: Mejora del Sueño MOR en la solución de problemas de los anagramas], *Cognitive Brain Research* 14, no. 3 (noviembre del 2002): 317–324.

CAPÍTULO 3: EL RESPETO

1. Daniel A. Hughes y Jonathan Baylin, *Brain-Based Parenting: The Neuroscience of Caregiving for Healthy Attachment* [La crianza con base en el cerebro: La neurociencia del cuidado para un apego saludable] (Nueva York: W. W. Norton, 2012).

2. MIT News, «MIT Research—Brain Processing of Visual Information», [Investigación MIT—Proceso cerebral de la información visual], 19 de diciembre de 1996, http://news.mit.edu/1996/visualprocessing.

3. Susan Hagen, «The Mind's Eye» [El ojo de la mente], Universidad de Rochester, 2012, http://www.rochester.edu/pr/Review/V74N4/0402 _brainscience.html.

4. Roy Baumeister, Kathleen Vohs y Dianne Tice, «The Strength Model of Self-Control» [El modelo de fortaleza del autocontrol], *Current Directions in Psychological Science* 16, no. 6 (diciembre, 2007): 351–355.

5. Sara Villanueva Dixon, Julia Graber y Jeanne Brooks-Gunn, «The Roles of Respect for Parental Authority and Parenting Practices in Parent-Child Conflict among African American, Latino, and European American Families» [Los roles del respeto para la autoridad de los padres y las prácticas de crianza en el conflicto padre-hijo entre las familias afroamericanas, latinoamericanas y euroamericanas], *Journal of Family Psychology* 22, no. 1 (febrero del 2008): 1–10.

6. Jack Zenger y Joseph Folkman, «The Ideal Praise-to-Criticism Ratio» [La proporción ideal de la alabanza a la crítica], *Harvard Business Review*, 15 de marzo del 2013, https://hbr.org/2013/03/the-ideal-praise-to-criticism.

7. Daniel. J. Siegel, *Pocket Guide to Interpersonal Neurobiology: An Integrative Handbook of the Mind* (Nueva York: W. W. Norton, 2012). Publicado en español como *Guía de bolsillo de neurobiología interpersonal: Un manual integrativo de la mente* (Barcelona, España: Elefteria, 2016).

CAPÍTULO 4: LA INTENCIONALIDAD

1. Carol Watson-Phillips, «Relational Fathering: Sons Liberate Dads» [El ser padre relacional: Los hijos varones liberan a los padres], *The Journal of Men's Studies* 24, no. 3 (octubre del 2016): 277–293.

2. Watson-Phillips, «Relational Fathering», 277–293.

3. Sharon Lawrence y Mary Plisco, «Family Mealtimes and Family Functioning» [Las comidas en familia y el funcionamiento de la familia], *The American Journal of Family Therapy* 45, no. 4 (junio del 2017): 195–205.

4. Reinhold Niebuhr, «Prayer for Serenity» [Oración de la serenidad], https://www.celebraterecovery.com/resources/crtools/serenityprayer.

CAPÍTULO 5: EL AMOR INQUEBRANTABLE

1. Esta sección se adaptó de *Module 207: Bernard of Clairvaux on Love* [Módulo 207: Bernardo de Claraval sobre el amor], Christian History Institute, https://christianhistoryinstitute.org/study/module/bernard y de Hal Runkel, *Screamfree Parenting: How to Raise Amazing Adults by Learning to Pause More and React Less* [La crianza sin gritos: Cómo criar adultos asombrosos al aprender a pausar más y a reaccionar menos], (Nueva York: Harmony Books, 2008).

2. Jude Cassidy, Jason D. Jones y Philip R. Shaver, «Contributions of Attachment Theory and Research: A Framework for Future Research, Translation, and Policy» [Contribuciones de la teoría del apego e investigación: Un marco para la investigación, traducción y políticas futuras], *Development and Psychopathology* 25, no. 4 (parte 2) (noviembre del 2013): 1415–1434.

3. Judith Kay Nelson, «Laugh and the World Laughs with You: An Attachment Perspective on the Meaning of Laughter in Psychotherapy» [Ríase, y el mundo se ríe con usted: Una perspectiva del apego sobre el significado de la risa en la psicoterapia], *Clinical Social Work Journal* 36 (2008): 41–49.

CAPÍTULO 6: LOS LÍMITES

1. Diana Baumrind, «Current Patterns of Parental Authority» [Patrones actuales de la autoridad de los padres], *Developmental Psychology* 4, no. 1 (parte 2) (1971): 1–103.

2. Johnmarshall Reeve, *Understanding Motivation and Emotion*, 6th ed. (Danvers, MA: John Wiley & Sons, 2014). La quinta edición en inglés ha sido publicada en español como *Motivación y emoción* (México: McGraw-Hill Education; Edición 5, 2010).

3. Avidan Milevsky, Melissa Schlechter, Sarah Netter y Danielle Keehn, «Maternal and Paternal Parenting Styles in Adolescents: Associations with Self-Esteem, Depression and Life-Satisfaction» [Los estilos de crianza maternal y paternal en los adolescentes: Conexión con la autoestima, depresión y satisfacción en la vida], *Journal of Child and Family Studies* 16 (febrero del 2007): 39–47.

4. Tori Rodriguez, «Harsh Parents Raise Bullies—So Do Permissive Ones» [Los padres severos crían acosadores; los permisivos también], *Scientific American Mind*, 1 de septiembre del 2016, https://www.scientificamerican.com/article /harsh-parents-raise-bullies-so-do-permissive-ones/.

5. Joy Gabrielli, Lisa Marsch y Suzanne Tanski, «TECH Parenting to Promote Effective Media Management» [La crianza TECH para promover el manejo efectivo de los medios], *Pediatrics* 142, no. 1 (julio del 2018): e20173718.

CAPÍTULO 7: LA GRACIA Y EL PERDÓN

1. Kirsten Weir, «Forgiveness Can Improve Mental and Physical Health: Research Shows How to Get There» [El perdón puede mejorar la salud mental y física: Los estudios muestran cómo llegar allí], *Monitor on Psychology* 48, no. 1 (enero del 2017): 30–33.

2. Gary Smalley y John Trent, *The Two Sides of Love: The Secret to Valuing Differences* (Colorado Springs, CO: Focus on the Family, 2019). Publicado en español como *Los dos lados del amor: Cómo utilizar las virtudes de la personalidad para mejorar ampliamente nuestras relaciones* (Miami: Editorial Patmos, 2006).

3. Lisa Belkin, «The Only Parenting 'Philosophy' You Really Need» [La única «filosofía» de crianza que en realidad necesita], *Huffington Post*, 4 de octubre del 2013, https://www.huffpost.com/entry /the-only-parenting-philosophy-you-really-need_n_4040706.

4. J. P. Moreland y Klaus Issler, *The Lost Virtue of Happiness: Discovering the Disciplines of the Good Life* [La virtud perdida de la felicidad: Cómo descubrir las disciplinas de la vida buena], (Colorado Springs, CO: NavPress, 2006).

5. Lesley Brose, Mark Rye, Catherine Lutz-Zois y Scott Ross, «Forgiveness and Personality Traits» [Las cualidades del perdón y la personalidad], *Personality and Individual Differences* 39, no. 1 (julio del 2005): 35–46.

6. Loren Toussaint, Shanmukh Kamble, Justin C. Marschall y Deepti B. Duggi, «The Effects of Brief Prayer on the Experience of Forgiveness: An American and Indian Comparison» [Los efectos de la oración breve en la experiencia del perdón: Una comparación estadounidense e hindú], *International Journal of Psychology* 51, no. 4 (agosto del 2016): 288–295.

CAPÍTULO 8: LA GRATITUD

1. Robert Emmons, *Thanks!: How the New Science of Gratitude Can Make You Happier* [¡Gracias!: Cómo la nueva ciencia de la gratitud puede hacerlo más feliz] (Nueva York: Houghton Mifflin, 2007).

2. Mackenzie Dawson, «Parenting in a Fakebook World: How Social Media Is Affecting Your Parenting» [La crianza en un mundo de *Fakebook*: Cómo la falsedad de las redes sociales afectan su crianza], *Parents*, 28 de junio del 2015, https://www.parents.com/parenting/better-parenting/style /how-social-media-is-affecting-your-parenting/.

3. «A Mother's Life-Preserver» [Salvavidas de una madre], The National WWII Museum, 12 de mayo del 2012, http://www.nww2m.com/2012/05 /a-mothers-life-preserver/.

4. J. P. Moreland y Klaus Issler, *The Lost Virtue of Happiness: Discovering the Disciplines of the Good Life* [La virtud perdida de la felicidad: Cómo descubrir las disciplinas de la vida buena], (Colorado Springs, CO: NavPress, 2006).

5. Prathik Kini, Joel Wong, Sydney McInnis, Nicole Gabana y Joshua Brown, «The Effects of Gratitude Expression on Neural Activity» [Los efectos de la expresión de gratitud en la actividad neural], *NeuroImage* 128, (2016): 1–10.

6. John F. Kennedy, Proclamación del Día de Acción de Gracias, 4 de noviembre de 1963, BrainyQuote.com, https://www.brainyquote.com/quotes /john_f_kennedy_105511.

También disponible
por Tyndale

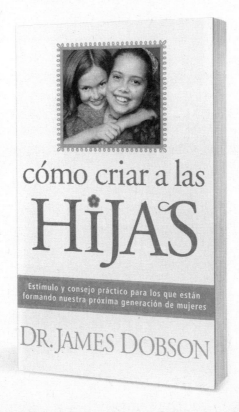

Búsquelo en su librería cristiana favorita o en Internet.
Disponible en libro electrónico y tapa rústica.

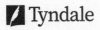 Tyndale

TYNDALE.COM
TYNDALEESPANOL.COM

CP1625